Shaun das Schaf™
Mein Kochbuch

lammleicht nachzukochen

SHAUNKOST SPEZIAL

© KOMET Verlag GmbH, Köln
www.komet-verlag.de
Gesamtherstellung: KOMET Verlag GmbH, Köln
ISBN 978-3-89836-959-6

Shaun das Schaf™

Mein Kochbuch

lammleicht nachzukochen

SHAUNKOST
SPEZIAL

KOMET

Für die Party

Von Feld und Wiese

Aus dem Stall

Aus der Pizzeria

Für Tortenfeste

Ice - cool

Coole Drinks

Okay, gleich geht die Zählerei wieder los, aber es ist so warm heute, da passt Bitzer bestimmt nicht so ganz genau auf, ob jemand fehlt oder nicht. Mmh, die anderen gehen auf die Wiese. Gras fressen. Sieht auch ganz lecker aus, aber immer nur das selbe Futter, das hält doch kein Schaf aus. Ich finde, jetzt gibt es mal was Neues! Der Bauer fährt gleich mit seinem Trecker los, da wird es doch wohl keinem auffallen, wenn ich mal kurz in die Farmerküche schleiche und ein paar schicke neue Rezepte teste. Mir fallen da auf Anhieb ein paar echt leckere Sachen ein. Die Zutaten finde ich entweder im Stall oder im Küchengarten, also kein Problem! Ich könnte was Supertolles für unsere Scheunenparty kreieren und zum Schluss auch noch coole Drinks, die wir dann am Pool nehmen."

7

Für die Party

Möhrenschaumsüppchen mit Orangen

Für 4 Portionen

1 Schalotte

1 Knoblauchzehe

300 g Möhren

1/2 kleine Stange Lauch

2–3 Kartoffeln (ca. 100 g)

etwas Thymian

1 El Butter

750 ml Gemüsebrühe

Saft von 1 Orange

etwas Orangenschale

Salz

frisch gemahlener Pfeffer

Orangenlikör

Zubereitungszeit 20 Minuten
(plus Kochzeit)
Pro Portion ca. 89 kcal/373 kJ
3 g E * 3 g F * 2 g KH

Die Schalotte und den Knoblauch schälen und klein würfeln. Die Möhren und den Lauch putzen, waschen und ebenfalls klein schneiden. Die Kartoffeln schälen, waschen und würfeln. Den Thymian waschen und trockenschütteln.

Die Butter zerlassen, Schalotte und Knoblauch darin glasig dünsten. Das vorbereitete Gemüse und Thymian mitdünsten. Die Brühe hinzugießen, aufkochen und etwa 25 Minuten leicht köcheln lassen.

Den Thymian entfernen und alles mit dem Pürierstab cremig mixen. Den Orangensaft und etwas Orangenschale mit der Suppe verrühren und 5 Minuten köcheln lassen. Mit Salz Pfeffer und Orangenlikör abschmecken. Mit dem Mixstab kräftig aufschäumen und servieren.

Französische Kräutersuppe

Für 4 Portionen

1 Schalotte

150 g Sauerampfer

100 g Blattspinat

1 Bund Sellerieblätter

1 Bund Brunnenkresse

1 Bund Kerbel

1 Bund glatte Petersilie

1 1/2 Salatgurke

1 kg mehlig kochende Kartoffeln

100 g Butter

1,5 l Wasser

grobes Meersalz

100 g Butter in Flöckchen

3 El Crème fraîche

frisch gemahlener Pfeffer

Zubereitungszeit 30 Minuten
(plus Kochzeit)
Pro Portion ca. 330 kcal/1386 kJ
9 g E ∗ 14 g F ∗ 42 g KH

Die **Schalotte** schälen und fein hacken. Das **Blattgemüse** und die **Kräuter** putzen, waschen und trockenschütteln. Einige **Basilikum-** und **Kerbelblättchen** zum Garnieren beiseite stellen.

Die **Gurke** putzen, waschen, halbieren, mit einem Esslöffel die Kerne entfernen und die Gurke klein würfeln. Die **Kartoffeln** schälen, waschen und grob würfeln. Die **Butter** in einem Topf zerlassen, das **Blattgemüse** mit den **Kräutern** und den **Gurkenwürfeln** hinzugeben. Alles zugedeckt etwa 5 Minuten anschwitzen, Gemüse und Kräuter sollen aber nicht braun werden.

Das Wasser zugießen, salzen, **Kartoffeln** hineingeben und 25 Minuten kochen. Die Suppe passieren. Mit dem Stabmixer die **Butterflöckchen** und die **Crème fraîche** unterrühren. Mit **Salz** und **Pfeffer** abschmecken.

Die Suppe anrichten und mit Basilikum- und Kerbelblättern garnieren und servieren.

Für 4 Portionen

375 g Kürbisfleisch
(z.B. Muskatkürbis)
1 Zwiebel
40 g Butter
750 ml Hühnerbrühe
Salz
250 g Sahne
2 Scheiben gefrorenes Toastbrot
2 El Butterschmalz
1–2 Tl brauner Zucker
frisch gemahlener Pfeffer
gemahlener Ingwer
1 Prise Zimt
4 El geschlagene Sahne

Zubereitungszeit 15 Minuten
(plus Kochzeit)
Pro Portion ca. 388 kcal/1628 kJ
15 g E ✳ 27 g F ✳ 22 g KH

Das **Kürbisfleisch** klein würfeln. Die **Zwiebel** schälen, würfeln und in der **Butter** glasig dünsten. Die Kürbiswürfel und 250 ml **Brühe** hinzugießen, salzen und zugedeckt 15 Minuten weich dünsten. Die **Sahne** hinzugießen und alles 15 Minuten weiter garen. Das **Brot** in kleine Würfel schneiden, in dem heißen **Butterschmalz** braun braten und beiseite stellen. Die Kürbismasse pürieren. Die restliche **Hühnerbrühe** erhitzen, dann nach und nach unter die Kürbiscreme rühren. Die Suppe noch einmal pürieren, anschließend durchsieben und mit **Zucker**, **Salz**, **Pfeffer**, **Ingwer** und **Zimt** pikant abschmecken. Auf Tellern anrichten und mit **Sahne** und **Croutons** garniert servieren.

Irische Kürbissuppe

Kürbis ist auf der ganzen Welt bekannt. Lange Zeit geriet er bei uns in Vergessenheit, erlebt aber nun seit einiger Zeit sein Comeback. Er wird in unzähligen Sorten auf dem Markt angeboten. Aus küchentechnischer und kulinarischer Hinsicht gelten Muskat- oder Moschuskürbis als die wertvollsten Sorten. Kürbisszeit ist Halloweenzeit. Dann wird der Kürbis ausgehöhlt und es werden Fratzen hineingeschnitten. Dann hat er, in der Nacht vom 31. Oktober auf den 1. November von innen beleuchtet, seinen ganz großen Auftritt. Er soll das Haus vor bösen Geistern und Gespenstern schützen.

15

Spargelsuppe

Für 4 Portionen

700 g grüner Spargel

1 l Wasser

50 g Butter

1/2 Tl Zucker

125 g Sahne

2 große Fleischtomaten

10 Basilikumblätter

Salz

frisch gemahlener weißer Pfeffer

1 El Zitronensaft

Zubereitungszeit 15 Minuten
(plus Kochzeit)
Pro Portion ca. 171 kcal/718 kJ
5 g E ● 14 g F ● 7 g KH

Den **Spargel** waschen, abtropfen lassen und das untere Drittel des Spargels schälen. Die Schale etwa 15 Minuten in dem **Wasser** kochen, anschließend absieben und die Brühe auffangen.

Den Spargel in mundgerechte Stücke schneiden und in der **Butter** anbraten. Die Spargelspitzen herausnehmen und beiseite stellen. Den restlichen Spargel mit dem **Zucker** bestreuen, Spargelbrühe und **Sahne** hinzugießen. Zugedeckt 10–15 Minuten köcheln lassen. Die **Tomaten** mit kochendem Wasser überbrühen, anschließend häuten, entkernen und klein würfeln. Das **Basilikum** waschen, trockenschütteln, die Blättchen von den Stielen zupfen und in feine Streifen schneiden.

Die Brühe mit **Salz**, **Pfeffer** und **Zitronensaft** abschmecken. Tomaten, Spargel und Basilikumstreifen hinzugeben und die Suppe heiß servieren.

17

Französische Zwiebelsuppe

Die **Zwiebeln** schälen und in dünne Ringe schneiden. 40 g **Butter** zerlassen, den **Zucker** schmelzen und **Zwiebeln** darin andünsten. Die **Fleischbrühe** zugießen und zugedeckt etwa 20 Minuten garen. Mit **Salz** und **Pfeffer** pikant abschmecken. Den **Weißwein** hinzugießen und einmal aufkochen lassen.

Inzwischen das **Weißbrot** entrinden und klein würfeln. In der restlichen Butter knusprig braun braten.

Die Suppe in vier feuerfeste Tassen füllen und die Weißbrotwürfel darauf verteilen. Alles mit dem frisch geriebenen **Parmesan** bestreuen und unter dem vorgeheizten Grill goldbraun überbacken.

Die **Kräuter** waschen, trockenschütteln und fein hacken. Die Suppe vor dem Servieren damit bestreuen.

Für 4 Portionen

500 g Zwiebeln

75 g Butter

1 Tl brauner Zucker

750 ml Fleischbrühe

Salz

Pfeffer

125 ml Weißwein

2 Scheiben altbackenes Weißbrot

50 g Parmesan

einige Kräuter der Saison

Zubereitungszeit 40 Minuten
(plus Garzeit)
Pro Portion ca. 190 kcal/799 kJ
8 g E ✳ 10 g F ✳ 15 g KH

19

Tarte mit Spargel

Für 4–6 Portionen

200 g Mehl

150 g Butter

Salz

1 Eigelb

1 kg geschälte grüne

Spargelstücke

1 Tl Zucker

1 Tl Butter

250 g Sahne

3 Eier, 1 Eiweiß

4 El Schnittlauchröllchen

weißer Pfeffer

1 klein gewürfelte rote

Paprikaschote

Butter für die Form

Zubereitungszeit 20 Minuten
(plus Kühl- und Backzeit)
Pro Portion ca. 518 kcal/2177 kJ
13 g E * 39 g F * 30 g KH

Aus Mehl, Butter, Salz und Eigelb einen Mürbeteig herstellen und für 30 Minuten kalt stellen. Den Spargel in 1,5 l Wasser mit Salz, Zucker und Butter 4 Minuten garen, dann abtropfen lassen.

Den Backofen auf 180 °C (Umluft 160 °C) vorheizen. Eine gefettete Tarteform mit dem Teig auslegen, mit der Gabel mehrmals einstechen und 10 Minuten vorbacken. Die Sahne mit Eiern und Eiweiß verquirlen. Den Schnittlauch bis auf 1 Esslöffel darunter rühren, salzen und pfeffern. Spargel und Paprika auf der Tarte verteilen, mit Eiersahne begießen und im Backofen bei 180 °C (Umluft 160 °C) 25 Minuten backen. Mit dem restlichen Schnittlauch bestreut servieren.

Die Kultur des Spargels lässt sich bis etwa ins Jahr 3000 v.Chr. nach Ägypten zurückverfolgen. Er galt bereits damals als Luxusgemüse und gilt noch immer als solches. Die Farbe des Spargels ist sorten- und zum Teil auch kulturabhängig. Weißer Spargel wächst unterirdisch, violetter oder grüner größtenteils oder ganz in vollem Sonnenlicht. Grüner und violetter Spargel ist besonders in Italien und Frankreich beliebt. Je kräftiger die Farbe, desto intensiver ist der Spargelgeschmack. Grüner Spargel muss im Gegensatz zum weißen kaum geschält werden.

Auberginen-Rouladen

Für 4 Portionen

2 Zwiebeln

100 ml Olivenöl

1 Dose geschälte Tomaten
(ca. 400 g)

Salz und Pfeffer

1–2 Auberginen (ca. 200 g)

300 g Mozzarella

50 g frisch geriebener Parmesan

Holzstäbchen

Zubereitungszeit 20 Minuten
(plus Brat- und Backzeit)
Pro Portion ca. 365 kcal/1533 kJ
20 g E ∗ 30 g F ∗ 5 g KH

Für die Tomatensauce die **Zwiebeln** schälen und klein würfeln, anschließend in etwa 3 Esslöffeln **Öl** weich dünsten. Die **Tomaten** grob zerkleinern und hinzufügen. Alles offen einkochen lassen. Mit Salz und Pfeffer würzen. Die Sauce anschließend in eine Auflaufform gießen.

Die **Auberginen** waschen und den Stielansatz entfernen. Die Auberginen längs in 1/2 cm dicke Scheiben schneiden und in einer Pfanne in reichlich Öl von jeder Seite etwa 2 Minuten goldgelb braten. Auf Küchenpapier gut abtropfen lassen.

Den Backofen auf 250 °C (Umluft 220 °C) vorheizen. Den **Mozzarella** in dünne Scheiben schneiden. Die Auberginenscheiben damit belegen, salzen und pfeffern, aufrollen und mit einem Holzstäbchen feststecken. Nebeneinander in die Form legen. Mit dem **Parmesan** bestreuen und im Backofen etwa 15 Minuten überbacken.

22

Aus Indien stammend, findet man die Aubergine oder Eierfrucht im gesamten Mittelmeerraum. Sie gelangte mit den Arabern nach Europa. Die Früchte eignen sich nicht zum Frischverzehr. Damit sie beim Braten nicht so viel Fett aufnehmen, sollte man sie vorher salzen. Das entzieht der Frucht nicht nur Bitterstoffe, sondern auch Wasser.

23

Quiche Lorraine

Aus dem **Mehl**, der **Butter**, **Salz** und 1 **Ei** und dem kalten Wasser einen Teig kneten und für mindestens 1 Stunde kalt stellen. Eine Tarte-Form mit Butter einfetten. Die Form mit dem ausgerollten Teig großzügig auslegen. Mit einer Gabel einstechen und für 1 Stunde kühl stellen. Den Backofen auf 200 °C (Umluft 180 °C) vorheizen. Die Tarte mit Backpapier abdecken, mit **Backerbsen** belegen und im vorgeheizten Backofen etwa 12 Minuten backen. Den **Speck** 2 Minuten blanchieren, anschließend abtropfen und abkühlen lassen. Die **saure Sahne** mit den restlichen **Eiern** und den **Eigelben** verrühren und mit **Salz**, **Pfeffer** und **Muskatnuss** würzen. Erbsen und Papier von der Tarte entfernen. Den **Speck** auf dem Teigboden verteilen und die **Eiersahne** darüber gießen. Die Tarte im vorgeheizten Backofen auf der untersten Schiene etwa 30 Minuten backen, anschließend sofort servieren.

24

Von der Quiche Lorraine gibt es unzählige Variationen, über deren Authentizität man sich streiten mag. Ob man den Speck nun vor dem Auflegen in einer Pfanne kurz brät oder 2 Minuten in Salzwasser blanchiert, ist Geschmackssache. Sicher ist jedenfalls Folgendes: Verwendet man gebratenen Speck, ist der Geschmack der Quiche Lorraine herzhafter.

Für 4 Portionen

250 g Mehl

125 g Butter

Salz

4 Eier

3 El sehr kaltes Wasser

350 g magere Speckstreifen

400 g saure Sahne

2 Eigelbe

Pfeffer

geriebene Muskatnuss

Butter für die Form

Zubereitungszeit 25 Minuten
(plus Backzeit)
Pro Portion ca. 818 kcal/3434 kJ
34 g E ✴ 54 g F ✴ 49 g KH

25

Tortilla mit Gemüse

Für 4 Portionen

400 g gemischtes Gemüse

(z.B. Auberginen, Pilze.oder Kürbis)

1 rote Paprikaschote

1 Zucchini

4 kleine Kartoffeln

Olivenöl

grobes Meersalz

6 Eier

250 g Sahne

60 g frisch geriebener Parmesan

2 El Basilikum in Streifen

frisch gemahlener schwarzer Pfeffer

Zubereitungszeit 30 Minuten
(plus Back- und Bratzeit)
Pro Portion ca. 480 kcal/2016 kJ
21 g E ∗ 41 g F ∗ 9 g KH

Den Backofen auf 175 °C (Umluft 150 °C) vorheizen. Das **Gemüse** und die **Kartoffeln** putzen, waschen und würfeln oder in Streifen schneiden. Ein Backblech mit Backpapier auslegen und das Gemüse darauf verteilen. Alles mit reichlich **Olivenöl** beträufeln und mit **Meersalz** bestreuen. Im vorgeheizten Backofen etwa 40 Minuten backen. Anschließend das Gemüse in eine hohe beschichtete kleine Pfanne geben. Die **Eier** mit der **Sahne**, dem **Käse**, dem **Basilikum** und **Pfeffer** verquirlen und über das Gemüse gießen. Bei geringer Hitze alles etwa 8–10 Minuten stocken lassen. Inzwischen den Grill vorheizen. Die Pfanne unter den Grill schieben und etwa 2 Minuten goldbraun grillen. Die Tortillas herausnehmen, etwa 5 Minuten abkühlen lassen und aus der Form lösen. Anschließend in Streifen oder mundgerechte Würfel schneiden und warm oder kalt servieren.

Pikante Käseröllchen

Für 4 Portionen

100 g fetter, weicher Ziegenkäse
(z.B. Caprino)
2 El Olivenöl extra vergine
frisch gemahlener Pfeffer
Salz
225 g Knochenschinken in hauch-
dünnen Scheiben
3–4 El eingelegte Paprikaschoten
1–2 El Kapern
100 g Gorgonzola
1 El Butter
etwas Rucola
1 El gehackte Kräuter der Saison

Zubereitungszeit 15 Minuten
Pro Portion ca. 310 kcal/1302 kJ
23 g E ✱ 23 g F ✱ 1 g KH

Ziegenkäse zerdrücken, das Öl hinzugeben und damit vermischen. Mit Pfeffer und Salz abschmecken. Etwa 1/3 der Schinken-scheiben damit bestreichen und aufrollen. Die Paprikaschoten und die Kapern ab-tropfen lassen. Anschließend miteinander ver-mischen und auf 1/3 der Schinkenscheiben verteilen, diese ebenfalls aufrollen. Den Gorgonzola mit der Butter verkneten und die restlichen Schinkenscheiben damit be-streichen und aufrollen. Den Rucola waschen, abtrocknen und auf einer Platte anrichten. Alle Schinkenröllchen darauf anrichten, mit den Kräutern bestreut servieren.

28

Der Monte Caprino ist ein sehr würziger Ziegenkäse mit einem Kuhmilchanteil aus dem Schweizer Tessin. Er hat 45% F. i. T. Ziegenkäse sind im späten Frühjahr und im Sommer am besten. Bei Feinschmeckern überaus begehrt sind die Ziegenkäse, die aus der Milch von Ziegen stammen, die auf Bergwiesen oder im Heideland würzige Kräuter und Gräser fressen. Gorgonzola ist der Klassiker unter den Blauschimmelkäsen. Er ist nach der gleichnamigen norditalienischen Stadt benannt und je nach Reifegrad mild oder kräftiger im Geschmack.

29

Russische Eier

Für 4 Portionen

4 große Eier

1/2 kleiner Apfel

1 kleine Zwiebel

20 g weiche Butter

1/2 El Zitronensaft

1/2 El Mayonnaise

4 Stängel Dill

Salz

Pfeffer

20 g Forellenkaviar

Zubereitungszeit 20 Minuten
(plus Kochzeit)
Pro Portion ca. 181 kcal/760 kJ
9 g E * 13 g F * 6 g KH

Die **Eier** hart kochen, abschrecken und abkühlen lassen, anschließend vorsichtig schälen und der Länge nach halbieren. Die **Apfelhälfte** schälen, vom Kerngehäuse befreien und in winzige Würfel schneiden. **Die Zwiebel** schälen und sehr fein hacken.

Das **Eigelb** mit einem Teelöffel vorsichtig aus den Eihälften herauslösen. Mit der weichen **Butter**, dem **Zitronensaft**, der **Mayonnaise** und den Zwiebelwürfeln fein pürieren. Die Apfelwürfel hinzugeben und unterheben.

Den **Dill** waschen, trockenschütteln, die Blättchen abzupfen und klein hacken.

Anschließend ebenfalls zur **Eigelbmasse** geben und unterheben. Die Eimasse mit **Salz** und **Pfeffer** abschmecken. Anschließend in einen Spritzbeutel geben und in die Eihälften dressieren. Die gefüllten Eier mit etwas **Forellenkaviar** garnieren und servieren.

31

Steinpilze auf Röstbrot

Für 4 Portionen

500 g frische Steinpilze

16 Ciabattascheiben

1/2 Bund Petersilie

1/2 Bund Schnittlauch

3 Knoblauchzehen

2 EL Olivenöl

Salz

Pfeffer

Zubereitungszeit ca. 20 Minuten
(plus Röst- und Schmorzeit)
Pro Portion ca. 113 kcal/474 kJ
6 g E ✳ 5 g F ✳ 9 g KH

Die **Steinpilze** putzen, waschen, trockentupfen und in Scheiben schneiden. Die **Baguettescheiben** im Backofen bei 180 °C (Umluft 160 °C) goldbraun rösten. Die **Petersilie** und den **Schnittlauch** waschen, trockenschütteln und fein hacken. Die **Knoblauchzehen** schälen und ebenfalls fein hacken. Das **Olivenöl** in einer Pfanne erhitzen und den Knoblauch darin unter Rühren anschwitzen. Die Steinpilzscheiben zugeben und etwa 10 Minuten mitschwitzen. 2 Minuten vor Ende der Garzeit die Kräuter unterheben. Die Pilze mit **Salz** und **Pfeffer** abschmecken. Die Pilzscheiben auf die gerösteten Baguettescheiben verteilen und heiß servieren.

Von Feld und Wiese

Spargelstrudel mit Spinat

Den **Blätterteig** auftauen lassen, drei Platten aufeina... legen und auf einer Arbeitsplatte rechteckig ausrollen. D... **Spargel** schälen, die holzigen Enden entfernen und 2 c... der Spargelstangen unten abschneiden. Den Spargel in ko... chendem Salzwasser etwa 12 Minuten garen. Dann her- ausnehmen. Die abgeschnittenen Spargelstücke in etwas Kochsud garen, mit einer Schaumkelle aus dem Sud neh- men und pürieren.

Aus dem Püree mit etwas Kochflüssigkeit eine cremige Sauce herstellen und mit der **Butter** binden. Mit **Salz**, **Pfeffer**, **Muskat**, **Zucker** und **Zitronensaft** ab- schmecken. Die Sauce mit **Tomatenmark** und **Oliven- öl** verrühren und warm stellen.

Den Backofen auf 200 °C (Umluft 180 °C) vorheizen. Den **Spinat** putzen, waschen, tropfnass in einen heißen Topf geben und zusammenfallen lassen. Gut abtropfen lassen, auf dem ausgerollten Blätterteig verteilen und würzen. Dann die **Schinkenscheiben** darauf legen und darüber längs die Spargelstangen schichten. Den Spargel nochmals würzen. Den Teig zu einem Strudel zusammenrollen und die Enden festdrücken.

Den Strudel auf ein gefettetes Backblech legen und mit der verquirlten **Ei-Sahne** bestreichen. Im Ofen etwa 30 Minuten backen. Den Spargelstrudel in Stücke schneiden und mit der Sauce servieren.

Für 4 Portionen

300 g Blätterteig (TK)

1,5 kg weißer Spargel

Salz

Pfeffer

30 g Butter

frisch geriebene Muskatnuss

1 Prise Zucker

1 El Zitronensaft

3 El Tomatenmark

1 El Olivenöl

300 g Spinat

250 g roher Schinken in Scheiben

1 Ei

3 El Sahne

Zubereitungszeit ca. 40 Minuten
(plus Gar- und Backzeit)
Pro Portion ca. 532 kcal/2234 kJ
15 g E 38 g F ✳ 31 g KH

Kartoffelgratin mit Speck

Für 4 bis 6 Portionen

1 kg Kartoffeln

Salz

150 g Schinkenspeck

250 g Sahne

Pfeffer

frisch geriebene Muskatnuss

100 g frisch geriebener Parmesan

2 El frisch gehackte Petersilie

Fett für die Form

Zubereitungszeit ca. 20 Minuten
(plus Koch- und Backzeit)
Pro Portion ca. 353 kcal/1482 kJ
15 g E ✳ 20 g F ✳ 26 g KH

Die Kartoffeln waschen, in wenig gesalzenem Wasser etwa 20 Minuten kochen, dann abgießen und etwas abkühlen lassen. Den Backofen auf 180 °C (Umluft 160 °C) vorheizen. Eine Auflaufform einfetten. Die Kartoffeln pellen und in Scheiben schneiden.

Den Schinkenspeck fein würfeln. Die Kartoffeln abwechselnd mit dem Speck in die Form schichten.

Die Sahne mit Salz, Pfeffer und Muskatnuss würzen und gleichmäßig über die Kartoffeln gießen. Zuletzt den Käse darüber streuen und das Gratin im Ofen etwa 25 Minuten backen, bis der Käse zu schmelzen beginnt. Mit Petersilie bestreut servieren. Dazu einen frischen grünen Salat reichen. Auch als Beilage zu Fleischgerichten geeignet.

39

Mariniertes Gemüse

Backofen auf 250 °C (Umluft 220 °C) vorheizen. **Paprikaschoten** putzen, halbieren, Stielansätze entfernen, entkernen, die Hälften mit etwas **Öl** bestreichen und im Backofen etwa 15 Minuten grillen, zwischendurch wenden. Wenn die Haut schwarz ist, Paprika in einen Gefrierbeutel geben, verschließen und abkühlen lassen. Anschließend häuten und in Stücke schneiden. **Zucchini** und **Aubergine** in Scheiben schneiden, salzen und pfeffern, in **Mehl** wenden und in wenig Öl goldgelb braten. **Tomaten** und **Knoblauch** pürieren, mit restlichem Öl sämig verrühren und mit **Salz, Pfeffer** und **Balsamessig** abschmecken. Die Marinade über das heiße Gemüse gießen und alles 10 Minuten durchziehen lassen.

Für 4 Portionen

2 rote Paprikaschoten

1 Zucchini

1 Aubergine

Salz

Pfeffer

2 El Mehl

3 El Olivenöl

3 gehäutete Tomaten

1 geschälte Knoblauchzehe

Balsamessig

So schmeckt Gemüse am besten – knackfrisch nach Saison, schonend gegart und farbenfroh angerichtet!

41

Für 4 Portionen

2 Zweige Thymian

2 Zweige Rosmarin

1 Bund Basilikum

375 ml Olivenöl

3–4 Knoblauchzehen

2 Zwiebeln

Salz

Pfeffer

500 g Schafskäse

2 kleine Zucchini

1 kleine Aubergine

1 grüne Paprikaschote

20 Kirschtomaten

250 g griechischer Joghurt

Holzspieße

Zubereitungszeit 20 Minuten
(plus Marinier- und Grillzeit)
Pro Portion ca. 525 kcal/2205 kJ
27 g E ✳ 42 g F ✳ 11 g KH

Holzspieße in kaltes Wasser legen. Kräuter waschen, trockenschütteln und die Blättchen von den Stielen zupfen. **Thymian** und **Rosmarin** klein hacken und mit 250 ml **Olivenöl** vermischen. **Knoblauch** und **Zwiebeln** schälen. 1 Knoblauchzehe dazupressen und mit **Salz** und Pfeffer würzen.

Schafskäse in mundgerechte Würfel schneiden. **Zucchini**, **Aubergine** und **Paprika** putzen und waschen. Zucchini und Aubergine ebenfalls in Würfel schneiden. Paprika halbieren, Stielansatz und Kerne entfernen und die Hälften in Stücke schneiden. Zwiebeln vierteln. Schafskäse mit dem Gemüse im Wechsel mit den gewaschenen **Kirschtomaten** auf die Holzspieße stecken. 20 Minuten in der Marinade ziehen lassen.

Für den Dip **Basilikum** mit restlichem Olivenöl fein pürieren. **Joghurt** unterrühren, mit **Salz** und **Pfeffer** würzen. Die Spieße auf dem Grill von beiden Seiten etwa 1–2 Minuten grillen. Noch warm mit dem Dip servieren.

Gemüsespieße mit Schafskäse

43

Für 4 Portionen

5 kleine festkochende Kartoffeln

20 zarte grüne Bohnen

225 g in Öl eingelegter Thunfisch

15 blanchierte junge dicke Bohnen

1 Romana-Salat

10 in Öl eingelegte Sardellenfilets

5 Babyartischocken (Konserve)

5 in Ringe geschnittene Zwiebeln

8 gewürfelte Tomaten

1 in Streifen geschnittene grüne
Paprikaschote

1 gehackte Stange Sellerie

1/2 in Scheiben geschnittene
Salatgurke

75 g schwarze Oliven

10 gehackte Basilikumblätter

5 hart gekochte Eier

175 ml Olivenöl extra vergine

3–4 El Zitronensaft

Salz

frisch gemahlener Pfeffer

2 Knoblauchzehen

Zubereitungszeit 40 Minuten
Pro Portion ca. 623
kcal/2615 kJ
36 g E ✳ 40 g F ✳ 28 g KH

Die **Kartoffeln** unter Wasser sauber bürsten, 10 Minuten kochen, abgießen, abschrecken und abtropfen lassen. Anschließend in Scheiben schneiden. Die **grünen Bohnen** putzen, etwa 2 Minuten in Salzwasser blanchieren, anschließend abschrecken und abtropfen lassen. Den abgetropften **Thunfisch** grob zerpflücken. Die **dicken Bohnen** etwa 1 Minute blanchieren, dann abschrecken und noch warm mit den Fingern aus ihrer Haut drücken. Den **Salat** waschen, zerpflücken und abtrocknen. **Die Sardellenfilets** und die **Artischocken** abtropfen lassen. Alles Gemüse und den Salat mit **Oliven** und **Basilikum** vermischen. Die **Eier** schälen und vierteln. Das Öl mit dem **Zitronensaft**, **Salz** und **Pfeffer** verrühren. Den **Knoblauch** schälen, dazupressen und unterrühren. Alle Salatzutaten bis auf die Eier mit der Vinaigrette behutsam vermischen. Den Salat etwas durchziehen lassen und mit den Eivierteln servieren.

Nizza-Salat

Nizza-Salat gehört zu den berühmtesten Salaten überhaupt. Grüner Salat, Tomaten, Bohnen, Eier, Sardellen und schwarze Oliven dürfen niemals, Thunfisch kann fehlen. In Nizza ist man der Ansicht, dass sich die ganze Mühe überhaupt nicht lohnt, so lange es keine zarten dicken Bohnen und Artischocken gibt.

45

Für 4 Portionen

3 große Strauchtomaten

300 g Büffel-Mozzarella

oder Taleggio

1/2 Bund Basilikum

60 ml Olivenöl extra vergine

Meersalz

frisch gemahlener schwarzer

Pfeffer

Zubereitungszeit 10 Minuten
Pro Portion ca. 248 kcal/1042 kJ
15 g E ✳ 20 g F ✳ 2 g KH

Die **Tomaten** waschen, abtrocknen, anschließend den Stielansatz sorgfältig entfernen und in 12 gleichmäßig dicke Scheiben schneiden. Den **Mozzarella** abtropfen lassen und in 24 1 cm dicke Scheiben schneiden. Das **Basilikum** waschen, trockenschütteln und 16 Blättchen von den Stielen abzupfen. Die **Tomaten** auf einer Platte anrichten. Zwischen die Tomatenscheiben jeweils zwei **Mozzarellascheiben** legen. Anschließend je ein **Basilikumblatt** zwischen Mozzarellascheiben und **Tomatenscheiben** legen. Die **Mozzarella**- und **Tomatenscheiben** mit dem **Olivenöl** gleichmäßig beträufeln. Das restliche **Basilikum** grob zerreißen und darüber streuen. Alles kräftig mit **Meersalz** und **Pfeffer** würzen. Sofort servieren.

Tomaten-Mozzarella-Salat

Grüne Bohnen mit Tomaten

Für 4 Portionen

750 g grüne Bohnen

1 große Zwiebel

75 g durchwachsener Räucherspeck

300 g Fleischtomaten

3 El Olivenöl

1 Bund gehacktes Basilikum

Salz

frisch gemahlener Pfeffer

Zubereitungszeit 20 Minuten
(plus Schmorzeit)
Pro Portion ca. 175 kcal/733 kJ
9 g E ∗ 11 g F ∗ 9 g KH

Die Bohnen putzen, waschen und in Stücke schneiden. Die Zwiebel schälen und fein würfeln. Den Speck würfeln. Die Tomaten überbrühen, anschließend häuten, die Stielansätze entfernen, entkernen und würfeln. Die Zwiebel in dem Öl andünsten, Speck, die Hälfte des Basilikums und die Tomaten hinzufügen. Mit Salz und Pfeffer würzen. Zugedeckt 25 Minuten schmoren lassen. Die Bohnen darunter mischen, noch etwa 10 Minuten schmoren, bis die Bohnen bissfest sind. Mit Salz und Pfeffer erneut abschmecken, das restliche Basilikum darunter mischen und servieren.

Kürbisgratin aus der Provence

Den Backofen auf 175 °C (Umluft 155 °C) vorheizen. Das **Kürbisfleisch** würfeln. Den **Knoblauch** schälen und klein würfeln. Die **Petersilie** waschen, trockenschütteln und fein hacken. **Knoblauch, Petersilie** und **Thymian** mit dem **Mehl** und dem **Greyerzer** in eine Schüssel geben. Die **Kürbiswürfel** hinzugeben und in dieser Mischung drehen und wenden. Anschließend mit **Salz, Pfeffer** und **Muskatnuss** würzen. Eine ofenfeste Schale (möglichst ein Tian) mit etwas Olivenöl auspinseln. Die **Kürbiswürfel** darin verteilen und mit dem **Paniermehl** gleichmäßig bestreuen. Alles mit reichlich **Olivenöl** beträufeln. Das **Kürbisgratin** im vorgeheizten Backofen auf der untersten Schiene etwa 1 Stunde backen. Heiß oder warm servieren.

Für 4 Portionen

800 g Kürbisfleisch

4 Knoblauchzehen

1 Bund Petersilie

1 El Thymianblättchen

40 g Mehl

60 g frisch geriebener

Greyerzer

Salz

schwarzer Pfeffer

Muskatnuss

4 El Paniermehl

ca. 100 ml Olivenöl

Zubereitungszeit 15 Minuten
(plus Backzeit)
Pro Portion ca. 167 kcal/701 kJ
9 g E * 7 g F * 18 g KH

51

Gefüllte Tomaten

Für 4 Portionen

4 große Tomaten

55 g Rundkornreis

Salz

1 gehackte rote Zwiebel

1 gehackte Knoblauchzehe

1 El Olivenöl

1/2 Tl Oregano

20 g Pinienkerne

20 g Rosinen

3 El gehacktes Basilikum

1 El gehackte glatte Petersilie

1/2 El gehackter Dill

Pfeffer

Öl für die Form

Zubereitungszeit 20 Minuten
(plus Gar- und Backzeit)
Pro Portion ca. 154 kcal/647 kJ
4 g E * 7 g F * 18 g KH

Die Tomate wurde pomo d'oro (Goldapfel) genannt. Sie hat viele volkstümliche Namen wie z. B. „Liebesapfel", „pomm es d'amour", „Love apple" oder Paradeiser, nicht zuletzt wohl, weil man ihr eine aphrodisierende Wirkung nachsagt.

Eine Auflaufform mit Öl einpinseln. Die Tomaten waschen, abtrocknen, den Deckel
abschneiden, aber den Stielansatz nicht entfernen. Die Tomaten aushöhlen und umgedreht
austropfen lassen. Das Fruchtinnere aufheben.
Den Backofen auf 160 °C (Umluft 140 °C) vorheizen. Den Reis in Salzwasser 10–12 Minuten
sprudelnd garen, abgießen und abkühlen. Die
Zwiebel und den Knoblauch im Olivenöl
mit dem Oregano etwa 8 Minuten dünsten.
Die Pinienkerne und die Rosinen 5 Minuten
mitbraten.
Vom Herd nehmen und die Kräuter unterrühren. Mit Salz und Pfeffer abschmecken. Die
Zwiebelmischung mit dem Tomateninneren
und Reis gründlich vermengen und in die Tomaten füllen. Je 1 Esslöffel Tomatensaft darüber
träufeln und den Deckel aufsetzen.
Die Tomaten mit etwas Olivenöl bestreichen, in
die Form setzen und im vorgeheizten Backofen
20–30 Minuten backen.

Geröstete
Pastinaken

Für 4 bis 6 Portionen

4–6 Pastinaken

1 El Sesamöl

1 El frisch gehackter Thymian

Salz, Pfeffer, 1 Knoblauchzehe

350 g Feta

600 g cremiger Joghurt

2 El Olivenöl

Saft von 1 Zitrone

1/2 Tl Cayennepfeffer

Zubereitungszeit: ca. 30 Minuten
(plus Garzeit)
Pro Portion ca. 210 kcal/882 kJ
11 g E ✳ 16 g F ✳ 3 g KH

Die **Pastinaken** waschen, schälen und in mundgerechte Stücke schneiden. Mit dem **Öl** beträufeln, mit **Thymian** bestreuen und mit **Salz** und **Pfeffer** würzen. Die Pastinakenwürfel in einer Pfanne bissfest braten. Dann herausnehmen und warm stellen. Für die **Joghurtcreme** die **Knoblauchzehe** schälen und mit dem grob zerkleinerten **Schafskäse** im Mixer pürieren. Den Joghurt mit **Olivenöl**, **Zitronensaft**, **Salz** und **Pfeffer** zugeben und alles zu einer homogenen Masse verrühren. Mit **Cayennepfeffer** pikant bis scharf abschmecken. Die Creme mit den warmen Pastinaken servieren.

Pastinaken sind etwa 15 bis 30 cm lange Wurzeln, die ähnlich wie weiße Rüben aussehen. Der Geschmack dagegen erinnert mehr an Haselnüsse. Süßer schmeckt das kohlenhydratreiche Fruchtfleisch, wenn es vor der Ernte Frost abbekommen hat.

Gefüllter Kürbis mit Kokosnuss

Für 4 Portionen

4 kleine Kürbisse

2 Bananen

100 g Ananas

2 Schalotten

3 El Olivenöl mit Orangenaroma

1 Knoblauchzehe

2 cm Ingwerwurzel

400 ml Kokosmilch

Salz

Pfeffer

Zubereitungszeit: ca. 40 Minuten
(plus Gar- und Backzeit)
Pro Portion ca. 151 kcal/634 kJ
3 g E ∗ 1 g F ∗ 31 g KH

Die **Kürbisse** in kochendem Wasser etwa 8 Minuten garen, dann herausnehmen und schälen. Halbieren und die Kerne entfernen. Die **Bananen** schälen und in Scheiben, die **Ananas** schälen und in Stücke schneiden. Das Obst in die Kürbisse füllen und diese in eine Auflaufform setzen. Den Backofen auf 180 °C (Umluft 160 °C) vorheizen. Die **Schalotten** schälen und fein hacken. Mit dem **Orangenöl** übergießen. Den **Knoblauch** und den **Ingwer** schälen und beide in sehr dünne Scheiben schneiden. Zu den Schalotten geben. Die Schalotten-Gewürz-Mischung mit der **Kokosmilch** in einem Topf erhitzen und etwa 10 Minuten köcheln. Mit **Salz** und **Pfeffer** abschmecken. Die Sauce über die Kürbisse geben und diese im Ofen etwa 20 Minuten weich backen. Die Kürbisse aus der Form nehmen und die Sauce etwas einkochen. Erneut abschmecken und zu den Kürbissen servieren. Als Vorspeise oder Beilage zu Fleisch und Geflügel geeignet.

Kürbisse findet man mittlerweile in jedem Gemüseladen. Die vielen Kürbisarten werden in Winter- und Sommersorten unterschieden, wobei Winterkürbisse kohlehydratreicher sind.

Aus dem Stall

Fleischpastete

Für 4 Portionen

2 altbackene Brötchen

3 Zwiebeln

1 Knoblauchzehe

500 g gemischtes Hackfleisch

250 g Mett

1 Ei

1 El frisch gehackte Petersilie

1 Tl Currypulver

125 ml Milch

Salz, Pfeffer

2 El Butter

125 ml Fleischbrühe

2 El Tomatenmark

2 Tl Zitronensaft

1 El Worcestersauce

1/2 El Instant-Kaffeepulver

2 El Weißweinessig

2 El Rotwein

Fett für die Form

Zubereitungszeit: ca. 30 Minuten
(plus Back- und Kochzeit)
Pro Portion ca. 667 kcal/2801 kJ
39 g E ✳ 49 g F ✳ 17 g KH

Die **Brötchen** in warmem Wasser einweichen. Die **Zwiebeln** und die **Knoblauchzehe** schälen und hacken.

Die beiden Fleischsorten mit einem Drittel der Zwiebelmasse, dem **Knoblauch**, den ausgedrückten **Brötchen**, dem **Ei**, der **Petersilie** und dem **Currypulver** in einer Schüssel mischen. Nach und nach so viel **Milch** zugeben, bis ein fester, glatter Fleischteig entsteht. Den Teig mit **Salz** und **Pfeffer** abschmecken. Den Backofen auf 200 °C (Umluft 180 °C) vorheizen.

Den Fleischteig zu einem Laib formen und in eine ofenfeste, gefettete Pieform legen und im Ofen etwa 30 Minuten backen.

Die **Butter** in einem Topf erhitzen und die restlichen **Zwiebeln** darin glasig dünsten. Die restlichen Zutaten zugeben und aufkochen. Bei reduzierter Temperatur 15 Minuten köcheln.

Nach 30 Minuten Backzeit die Hälfte der **Sauce** über den **Braten** gießen und weitere 45 Minuten backen, dabei mehrmals mit der restlichen **Sauce** übergießen. Den Hackbraten in Scheiben schneiden und mit der Sauce servieren. Dazu grünen **Salat** reichen.

61

Büffelfilet mit Pfeffer

Für 4 Portionen

1 kg Büffelfilet

2 Knoblauchzehen

Salz

4 El Dijon-Senf

1 1/2 El zerstoßene Pfefferkörner

250 ml Rotwein

100 g Crème fraîche

Pfeffer

Zubereitungszeit ca. 20 Minuten
(plus Brat- und Kochzeit)
Pro Portion ca. 410 kcal/1722 kJ
54 g E ∗ 17 g F ∗ 2 g KH

Den Backofen auf 190 °C (Umluft 170 °C) vorheizen. Das Fleisch vom Fett befreien, waschen und trockentupfen. Die Knoblauchzehen schälen und in Stifte schneiden. In das Fleisch mit einer Spicknadel Löcher stechen und mit den Knoblauchstiften spicken. Das Fleisch mit Salz einreiben und anschließend mit dem Senf einstreichen. In den zerstoßenen Pfefferkörnern wenden. In einen Bräter legen und die Hälfte des Rotweins zugießen. Das Fleisch im Ofen etwa 25 Minuten braten, dabei mehrmals mit Bratensaft begießen und einmal wenden. Das Büffelfilet aus dem Bräter nehmen und warm stellen. Den Bratensatz mit dem restlichen Rotwein loskochen und auf die Hälfte einkochen lassen. Die Crème fraîche einrühren und die Sauce mit Salz und Pfeffer abschmecken. Das Fleisch in Scheiben schneiden und mit der Sauce servieren. Dazu Kartoffelpüree servieren.

63

Rinderfilet im Speckmantel

Für 4 Portionen

4 Rinderfilets à 180 g

4 Scheiben Schinkenspeck

300 g grüne Bohnen

Salz

50 ml Olivenöl

250 ml Rinderbrühe

40 rosa Pfefferkörner

4 dünne Scheiben Blauschimmelkäse

4 Thymianzweige zum Garnieren

Zubereitungszeit ca. 40 Minuten
(plus Gar-, Brat- und Kochzeit)
Pro Portion ca. 400 kcal/1680 kJ
47 g E ✱ 21 g F ✱ 3 g KH

Die **Rinderfilets** waschen und trockentupfen. Mit dem **Speck** umwickeln und mit einem Zahnstocher feststecken. Die **Bohnen** putzen, waschen und in kochendem Salzwasser etwa 12 Minuten bissfest garen. Abgießen, abtropfen lassen und warm stellen. Das **Olivenöl** in einer Pfanne erhitzen und die **Steaks** darin etwa 10 Minuten braten, dabei einmal wenden. Auf eine vorgewärmte Platte legen und warm stellen. Den **Bratensatz** mit der **Rinderbrühe** ablöschen und die **Pfefferkörner** einrühren. Die **Sauce** bis zu einer sämigen Konsistenz einkochen. Jedes **Steak** mit einer Scheibe **Blauschimmelkäse** belegen und mit etwas Sauce auf Tellern anrichten. Mit **Thymianzweigen** garnieren. Dazu die **grünen Bohnen** reichen.

Rosa Pfeffer sind die Beeren des Brasilianischen Pfefferbaumes, der botanisch zu den Sumachgewächsen gehört und mit dem schwarzen Pfefferstrauch nichts zu tun hat. Ihr Geschmack ist nicht scharf, sondern mild und aromatisch. Daher können sie zum Würzen in größeren Mengen genommen werden als richtiger Pfeffer.

65

Kalua Pig

Für 6 Portionen

2 kg Schweineschinken oder

Krustenbraten am Stück

Rauchsalz

2 Tassen Cidre (Apfelwein)

Salz

Römertopf

Zubereitungszeit 10 Minuten
(plus Garzeit)
Pro Portion ca. 430 kcal/1806 kJ
65 g E * 14 g F * 7 g KH

Den Römertopf nach Anleitung einweichen. Das **Schweinefleisch** mit **Rauchsalz** einreiben und in den Römertopf legen, den **Cidre** angießen. Im nicht vorgeheizten Ofen bei 150 °C (Umluft 130 °C) mindestens 5 Stunden garen. Anschließend das **Fleisch** aus dem Topf nehmen, mit normalem **Salz** würzen und in feine Streifen zupfen. **Kalua Pig** mit **Salat** oder **Gemüse** und **Reis** servieren.

Zitronenhähnchen
mit Kichererbsengemüse

Für 4 Portionen

2 Knoblauchzehen

1/4 Tl chinesisches Fünf-Gewürz-Pulver

50 ml Apfelessig

50 ml Zitronensaft

abgeschälte Schale von 1 Zitrone

60 ml Sonnenblumenöl

1 Hähnchen (ca. 1,5 kg)

Für das Kichererbsengemüse:

250 g getrocknete Kichererbsen

Salz

75 g durchwachsener Speck

200 g Tomaten

je 1/2 rote und grüne Paprikaschote

2 Frühlingszwiebeln

1 Knoblauchzehe

2 El Tomatenmark

5 kleine getrocknete Chilischoten

1/2 Tl getrockneter Oregano

Pfeffer

Zubereitungszeit ca. 30 Minuten
(plus Zeit zum Marinieren und
Einweichen, Brat- und Kochzeit)
Pro Portion ca. 485 kcal/2037 kJ
39 g E * 25 g F * 21 g KH

Die **Knoblauchzehen** schälen und hacken. Mit **Fünf-Gewürz-Pulver**, **Essig**, **Zitronensaft**, **Zitronenschale** und **Öl** in einer hohen Schüssel mischen. Das **Hähnchen** waschen und trockentupfen. In die Schüssel geben und gut mit der Marinade überziehen. Abgedeckt 24 Stunden marinieren. Den Backofen auf 180 °C (Umluft 160 °C) vorheizen. Das Hähnchen aus der Marinade nehmen und in die Fettpfanne des Ofens setzen. Im Ofen 45 bis 60 Minuten braten. Zwischendurch mehrmals mit der Marinade einpinseln.

Die **Kichererbsen** über Nacht in kaltem Wasser einweichen, abgießen und mit kaltem Wasser abspülen. In einen Topf mit gesalzenem Wasser geben, aufkochen und 10 Minuten sprudelnd kochen, die Temperatur reduzieren und die Kichererbsen weitere 45 Minuten köcheln. Den **Speck** von der Schwarte befreien, in Würfel schneiden, den Knoblauch schälen und fein hacken. Die **Tomaten** heiß überbrühen, von Stielansätzen, Häuten und Kernen befreien und würfeln. Die **Paprikaschoten** putzen, waschen, entkernen und in Würfel schneiden. Die **Frühlingszwiebeln** putzen, waschen und in Ringe schneiden. Die getrockneten **Chilis** im Mörser fein zerstoßen. Die **Kichererbsen** abgießen und abtropfen lassen. Den Speck in einer heißen Pfanne auslassen, **Knoblauch** und Paprikawürfel zugeben und alles weiterdünsten, bis die Paprika weich ist. Tomaten, Frühlingszwiebeln, Chilis, **Tomatenmark** und 100 ml Wasser zugeben und mit **Oregano**, **Pfeffer** und **Salz** würzen. Die abgetropften Kichererbsen unterrühren und alles 10 Minuten köcheln. Das Hähnchen in Stücke schneiden und mit dem Kichererbsengemüse servieren.

Den Backofen auf 200 °C (Umluft 180 °C) vorheizen. Die **Poularde** innen und außen gut waschen und trockentupfen. Mit **Salz** und **Pfeffer** einreiben. Die **Schalotten** schälen und fein hacken. Den **Apfel** waschen, schälen und das Kerngehäuse entfernen. Den Apfel fein hacken. Die Hälfte der Schalotten und der Apfelwürfel mit drei Vierteln des **Bratwurstbräts** sowie der Hälfte des **Thymians** und des **Salbeis** mischen und die Bauchhöhle der **Poularde** damit füllen. Mit Zahnstochern feststecken. Die Poularde mit geschmolzener **Butter** bestreichen und in einem Bräter im Ofen etwa 1 Stunde 40 Minuten braten. Dann den Rest der Schalotten, des Apfels, der Bratwurstbrät und der Kräuter in den Bräter geben und die Poularde weitere 20 Minuten garen. 10 Minuten bei ausgeschaltetem Ofen ruhen lassen. Die Poularde zerteilen und mit der Füllung und der Mischung aus dem Bratensaft servieren.

Gefüllte Hähnchen mit Apfelwurst

70

Für 4 Portionen

1 küchenfertige Poularde (ca. 1,6 kg)

Salz

Pfeffer

2 Schalotten

1 Apfel (Idared)

350 g Bratwurstbrät

1 El frisch gehackter Thymian

1 Tl frisch gehackter Salbei

2 El Butter

Zubereitungszeit ca. 30 Minuten
(plus Zeit zum Braten und Ruhen)
Pro Portion ca. 575 kcal/2415 kJ
47 g E ✳ 41 g F ✳ 4 g KH

Für 4 Portionen

4 Truthahnbrüste

2 Knoblauchzehen

100 ml Olivenöl

3 El Orangensaft

Salz

Pfeffer

4 reife Birnen

Saft von 1 Zitrone

60 g Butter

90 g Zucker

Zubereitungszeit ca. 30 Minuten
(plus Zeit zum Marinieren, Braten
und Karamellisieren)
Pro Portion ca. 542 kcal/2276 kJ
36 g E * 26 g F * 40 g KH

Die **Truthahnbrüste** von Haut und Sehnen befreien, waschen und trockentupfen. Die **Knoblauchzehen** schälen und zerdrücken. Mit **Olivenöl** und **Orangensaft** in eine Schale geben und mit **Salz** und **Pfeffer** würzen. Die **Truthahnbrüste** in die Marinade legen, damit überziehen und mindestens 4 Stunden bei Zimmertemperatur marinieren. Die **Birnen** schälen, halbieren, die Kerngehäuse entfernen und das Fruchtfleisch in Scheiben schneiden. Mit dem **Zitronensaft** beträufeln. Eine Pfanne erhitzen. Das **Fleisch** aus der Marinade nehmen und in der heißen Pfanne von jeder Seite etwa 3 Minuten braten. Herausnehmen und warmstellen. Die **Butter** in derselben Pfanne schmelzen und die **Birnenscheiben** mit **Zucker** hineingeben. Die **Birnen** mit dem Zucker unter Rühren karamellisieren. Die **Truthahnbrüste** auf Teller geben und mit den **Birnenscheiben** belegen und mit dem **Karamell** beträufeln. Dazu **roten Reis** und **Gemüse** nach Wahl servieren.

Truthahnbrust
mit Birnen in Karamell

73

Saté mit Hühnchen

Das **Hühnchenfleisch** in mundgerechte Würfel schneiden. Die **Knoblauchzehen** schälen und zerdrücken. 1 **Knoblauchzehe**, Chilipulver, 1 Tl **Kreuzkümmel**, 1 Tl **Koriander** und **Limettensaft** miteinander mischen und das Hühnchenfleisch darin mindestens 4 Stunden marinieren. Für die **Sauce** restlichen Knoblauch und Kreuzkümmel, **Ingwer**, restlichen Koriander und **Kokoscreme** miteinander mischen und kühl stellen.

Das Hühnchenfleisch aus der Marinade nehmen, trockentupfen und auf Holzspieße stecken. Unter dem heißen Backofengrill oder auf einem Gartengrill knusprig braten, dabei häufig mit der restlichen Marinade bestreichen. Die Sauce in einem Topf erwärmen. Die **Minzeblätter** zugeben und die Sauce getrennt zu den Satéspießchen reichen.

Saté mit Hühnchen

74

Für 4 Portionen

350 g Hühnerbrust

2 Knoblauchzehen

1 Tl Chilipulver

1 1/2 Tl gemahlener Kreuzkümmel

2 Tl gemahlener Koriander

1 El Limettensaft

1 Tl Ingwerpulver

4 El Kokoscreme

1 El frisch gehackte Minze

Zubereitungszeit 20 Minuten
(plus Brat- und Garzeit)
Pro Portion ca. 103 kcal/433 kJ
21 g E ✳ 1 g F ✳ 2 g KH

Aus der Pizzeria

Für 1 runde Pizzaform

Hefeteig:

250 g Mehl

25 g Hefe

Salz

4 El Olivenöl

1/8 l lauwarmes Wasser

Tomatensauce:

400 g Tomaten

2 El Olivenöl

Salz

Pfeffer

1/2 Tl Zucker

1 Tl getrockneter Thymian

1/2 Tl getrockneter Oregano

2 Knoblauchzehen

Belag:

150 g gekochter Schinken

6 Sardellenfilets

100 g schwarze Oliven

10 Artischockenherzen

(aus dem Glas)

150 g Mozzarella

Zubereitungszeit 50 Minuten
(plus Ruhe- und Backzeit)
Pro Portion ca. 600 kcal/2520 kJ
33 g E ✷ 29 g F ✷ 52 g KH

Das **Mehl** in eine Schüssel sieben und in die Mitte eine Mulde drücken. Die **Hefe** in 1/8 l warmem Wasser verrühren und diesen Brei in die Mulde gießen. Etwas Mehl darüber stäuben und 15 Minuten an einem warmen Ort gehen lassen. 100 ml Wasser, 1 Msp. **Salz** und das **Öl** zum Vorteig geben und alles zu einem glatten Teig verarbeiten. Den Teig mindestens 10 Minuten gut durchkneten, bis er fest, aber geschmeidig ist. Den Teig abgedeckt etwa 1 Stunde an einem warmen Ort gehen lassen. Die **Tomaten** kurz in heißes Wasser geben, dann häuten, Stielansätze und Kerne entfernen und das Tomatenfruchtfleisch in Würfel schneiden. In einen Topf mit 1 El **Olivenöl** geben und bei hoher Temperatur etwa 7 Minuten kochen, dabei etwas einkochen lassen. Mit Salz, **Pfeffer, Zucker** und den **Kräutern** abschmecken. **Knoblauch** hacken und unter die Tomatensauce heben. Den Backofen auf 250 °C (Umluft 225 °C) vorheizen. Eine runde Pizzaform mit dem restlichen Öl einfetten. Den Teig ausrollen und in die Form legen, dabei die Teigränder hochziehen. Den Teig erneut 15 Minuten gehen lassen. Den **Schinken** in Streifen schneiden. Die **Sardellenfilets** gut abspülen und trockentupfen. Die **Oliven** halbieren und entsteinen. Die **Artischockenherzen** abtropfen lassen und halbieren. **Mozzarella** in kleine Würfel schneiden. Die Tomatensauce auf dem Teig verteilen, dann Schinken, Oliven, Sardellen und Artischocken darauf geben. Mit Salz und Pfeffer würzen, dann den Mozzarella drüber verteilen. Pizza im Ofen etwa 15 Minuten backen.

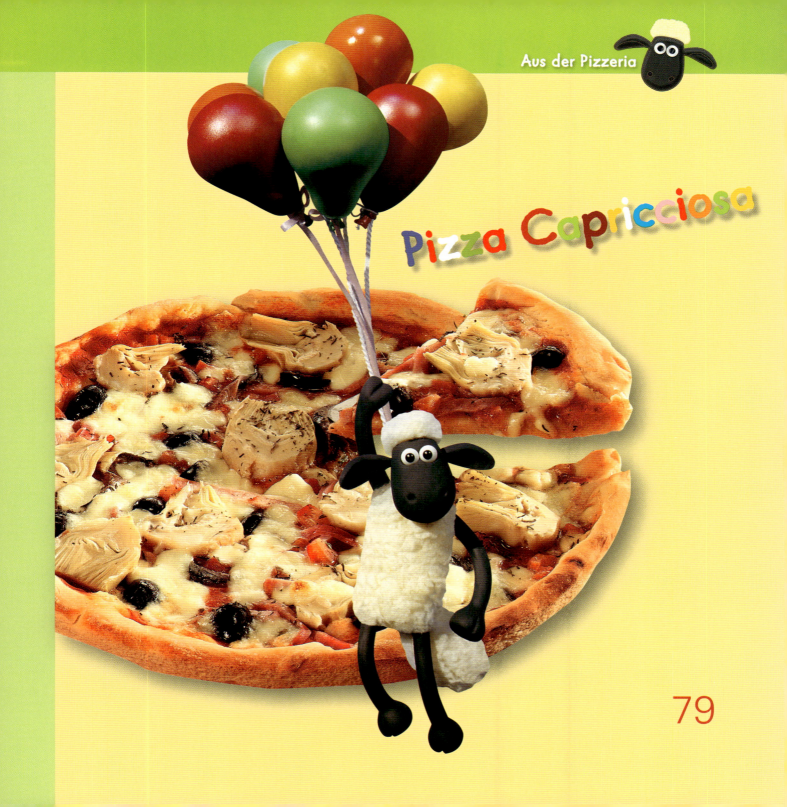

Pizza Capricciosa

79

Pizza
alle vongole

Für 1 runde Pizzaform

Hefeteig (S. 78/79)

Tomatensauce (S. 78/79)

500 g Venusmuscheln

1 Knoblauchzehe

4 El Olivenöl

1/2 Bund glatte Petersilie

1 Tl getrockneter Oregano

Pfeffer

100 g Mozzarella

Zubereitungszeit 50 Minuten
(plus Ruhe-, Koch- und Backzeit)
Pro Portion ca. 475 kcal/1995 kJ
27 g E * 16 g F * 55 g KH

Den **Hefeteig** nach dem Rezept von Seite 78/79 zubereiten und ruhen lassen. Die **Tomatensauce** ebenfalls vorbereiten. Die **Muscheln** sorgfältig waschen, geöffnete Exemplare wegwerfen. Die **Knoblauchzehe** schälen und grob hacken. Die Muscheln mit **Öl**, Knoblauch und der Hälfte der **Petersilie** in einem Topf ohne Wasser etwa 5 Minuten dämpfen, bis sich alle Schalen geöffnet haben. Noch geschlossene Muscheln sind verdorben, diese entfernen. Die restliche **Petersilie** waschen, trockenschütteln und hacken. Den Teig ausrollen und in die Pizzaform legen. 15 Minuten ruhen lassen. Backofen auf 250 °C (Umluft 225 °C) vorheizen. Das Muschelfleisch mit einem Messer aus den Schalen lösen. Den **Mozzarella** würfeln. Die Tomatensauce auf dem Teig verteilen, dann die Muscheln darauf legen. Mit **Salz, Pfeffer** und **Oregano** würzen, mit gehackter Petersilie und Mozzarella belegen. Im Ofen etwa 15 Minuten backen.

Für die Herstellung des Hefeteiges ist es wichtig, den Teig mindestens 15 Minuten gut durchzukneten. Er muss glatt, geschmeidig und elastisch sein, damit er auf die gewünschte Dicke ausgerollt und in die richtige Form gebracht werden kann. Die Form einer Pizza spielt im Grunde keine Rolle, die Höhe des Teiges ist jedoch sehr wichtig. 0,5 bis 1 cm ist die ideale Dicke eines Pizzateiges. Der Rand darf etwas dicker sein.

Für 1 Calzone

1 Hefeteig (S. 78/79)

150 g kalten Braten, Salami,
Mortadella oder gekochten
Schinken

2 Frühlingszwiebel

1 Knoblauchzehe

2 Tomaten

100 g Rucola

1 Ei

1 El Tomatenmark

Salz

Pfeffer

1 Tl Thymian

1 Tl Oregano

50 g geriebener Pecorino

1 El Olivenöl

Zubereitungszeit 50 Minuten
(plus Ruhe- und Backzeit)
Pro Portion ca. 319 kcal/1340 kJ
26 g E ✳ 18 g F ✳ 13 g KH

Einen **Hefeteig** herstellen wie auf Seite 78/79 beschrieben und den Teig etwa 1 Stunde gehen lassen. Den kalten **Braten**, die **Wurst** oder den **Schinken** in kleine Würfel schneiden. Die **Frühlingszwiebeln** putzen, waschen und in Ringe schneiden, den **Knoblauch** schälen und fein hacken. Die **Tomaten** überbrühen, häuten, von Stielansätzen und Kernen befreien und in Würfel schneiden. Den **Rucola** waschen, trockentupfen und grob zerkleinern. Den Teig auf einer bemehlten Arbeitsfläche zu einem Kreis von ca. 35 cm Durchmesser ausrollen. Das **Ei** verschlagen und die Teigränder damit einstreichen. Das **Tomatenmark** auf dem Teig verteilen. Den Backofen auf 250 °C (Umluft 225 °C) vorheizen.

Eine Hälfte des Teiges mit den Zutaten belegen, mit **Salz**, **Pfeffer** und den **Kräutern** würzen und den **Käse** zugeben. Den Teig zur Hälfte zusammenklappen und am Rand gut festdrücken. Calzone mit dem restlichen Ei bestreichen. Ein Backblech mit **Öl** einstreichen und die Calzone darauf legen. Im Ofen etwa 20 Minuten backen. Sehr heiß servieren.

Calzone mit Fleischfüllung

Calzone ist eine zugedeckte Pizza. Die Art der Füllung kann von Gemüse über Fisch, Fleisch bis hin zu den Braten- und Wurstresten der letzten Mahlzeit reichen.

Für 1 runde Pizzaform

1 Hefeteig (S. 78/79)

Tomatensauce (S. 78/79)

1 Zwiebel

1 Knoblauchzehe

150 g Thunfisch (aus der Dose)

4 Sardellenfilets

1 El Kapern

50 g schwarze Oliven ohne Stein

1 El getrockneter Thymian

Salz

Pfeffer

50 g frisch geriebener Parmesan

Zubereitungszeit 50 Minuten
(plus Ruhe- und Backzeit)
Pro Portion ca. 503 kcal/2111 kJ
23 g E ✳ 24 g F ✳ 49 g KH

Hefeteig und **Tomatensauce** nach den Rezepten auf Seite 78/79 herstellen. Den Teig gehen lassen. Die **Zwiebel** und den **Knoblauch** schälen und in Ringe schneiden bzw. hacken. Den **Thunfisch** abtropfen lassen. Die **Sardellenfilets** abspülen, trockentupfen und klein schneiden. Die **Kapern** abtropfen lassen. Den Backofen auf 250 °C (Umluft 225 °C) vorheizen. Den Teig ausrollen und in die gefettete Form legen. Den Rand hochdrücken. Die Tomatensauce darauf streichen. Die restlichen Zutaten (außer Gewürzen und Käse) auf dem Teig verteilen und mit **Salz**, **Pfeffer** und **Thymian** würzen. Den Käse darüber streuen und die Pizza im Ofen etwa 15 Minuten backen.

Pizza alla calabrese

Parmesan ist ein italienischer Hartkäse aus Rohmilch. Der Parmigiano Reggiano (D.O.C.) stammt aus der Region Emilia Romagna. Monats- und Jahrgangsbezeichnung findet man in der Rinde eingestanzt. Er hat ein kräftiges, volles Aroma, das jedoch nicht dominiert. Deshalb wird er gerne zum Überbacken verwendet, gerieben zur Pasta serviert oder in Stücken zum Chianti gegessen.

85

Tortelloni mit Bohnen

Für 4 bis 6 Portionen

Für den Nudelteig:

300 g Weizenmehl

300 g Hartweizenmehl

3 Eier

7 Eigelb

3 El Olivenöl

Mehl für die Arbeitsfläche

Für die Füllung:

1 Zwiebel

3 El Butter

2 El Mehl

500 ml Milch

Salz

Pfeffer

frisch geriebene Muskatnuss

125 g Sahne

100 g frisch geriebener Parmesan

1 kg frische dicke Bohnen mit Schale

3 El Olivenöl

2 El Gemüsebrühe

Zitronensaft

2 El frisch gehackte Petersilie

Zubereitungszeit ca. 40 Minuten
(plus Zeit zum Ruhen, Koch- und Garzeit)
Pro Portion ca. 701 kcal/2944 kJ
33 g E ✳ 34 g F ✳ 63 g KH

Für den **Nudelteig** alle Zutaten vermischen und zu einem geschmeidigen Teig verarbeiten. Nach Bedarf noch etwas lauwarmes Wasser zugeben. Den Teig in Folie wickeln und 30 Minuten ruhen lassen. Für die Füllung die **Zwiebel** schälen und fein hacken. Die **Butter** in einem Topf erhitzen und die Zwiebel darin glasig schwitzen. Das **Mehl** darüber stäuben und unterrühren. Die **Milch** angießen und die Sauce unter Rühren sämig kochen. Mit **Salz, Pfeffer** und **Muskatnuss** abschmecken und etwa 30 Minuten dick einkochen. Dann die **Sahne** angießen und den **Käse** unterrühren. Zum Abkühlen beiseite stellen. Den Teig mit einer Nudelmaschine oder dem Nudelholz auf einer bemehlten Arbeitsfläche dünn ausrollen und in etwa 8 x 8 cm große Quadrate schneiden. Auf jedes Teigquadrat 1 Tl Füllung geben und zu einem Dreieck zusammenlegen. Die Spitzen der Dreiecke zusammenbiegen und festdrücken. Die **Tortelloni** in reichlich kochendem Salzwasser etwa 3 Minuten garen. Die **Bohnen** palen und in kochendem Wasser kurz blanchieren. Abgießen und abtropfen lassen. Dann in 1 El heißem **Olivenöl** schwenken und würzen. Die restlichen Zutaten miteinander zu einer Sauce vermischen. Die Tortelloni mit den Bohnen auf Teller geben und mit der Sauce beträufeln.

Gefüllte Nudelrollen

Für die Kräutersauce die Zwiebel schälen und hacken, den Speck fein würfeln. Die Butter erhitzen und beides darin glasig schwitzen. Das Mehl darüber streuen und gut unterrühren. Die Milch angießen und die Sauce unter Rühren andicken. Die Kräuter und Gewürze zugeben und etwa 30 Minuten köcheln. Die Sauce durch ein Sieb streichen und die Sahne unterrühren. Den Wein zugeben und abschmecken. Für die Füllung die Butter mit den Eigelben schaumig rühren. Den Ziegenfrischkäse und den Pecorino hinzufügen und mit Muskat, Salz und Pfeffer würzen. Die Eiweiße steif schlagen und unterheben. Den Backofen auf 200 °C (Umluft 180 °C) vorheizen. Den Nudelteig zu Quadraten von 15 x 15 cm Größe ausrollen. Die Füllung auf dem Nudelteig verteilen und zusammenrollen. Nebeneinander in eine Auflaufform setzen und die Kräutersauce darüber gießen. Die Nudelrollen im Ofen etwa 15 Minuten backen.

Für 4 bis 6 Portionen

Für die Kräutersauce:

1 Zwiebel

30 g Schinkenspeck

3 El Butter , 2 El Mehl

500 ml Milch

2 Petersilienzweige

2 Liebstöckelzweige

2 Lorbeerblätter

Salz, Pfeffer

125 g Sahne

3 El Weißwein

Für die Füllung:

80 g Butter, 5 Eigelb

500 g Ziegenfrischkäse

80 g frisch geriebener Pecorino

frisch geriebene Muskatnuss

5 Eiweiß

1/2 Portion Nudelteig (S. 87)

Mehl für die Arbeitsfläche

Zubereitungszeit ca. 40 Minuten
(plus Koch- und Backzeit)
Pro Portion ca. 681 kcal/2860 kJ
26 g E ✳ 55 g F ✳ 18 g KH

Kürbis-Cannelloni

Die **Zwiebel** und die **Knoblauchzehe** schälen, fein hacken und im heißen **Olivenöl** glasig schwitzen. Den **Kürbis** schälen und fein würfeln. In den Topf geben und mitschwitzen. Die **Brühe** angießen und den Kürbis etwa 15 Minuten köcheln. Dann pürieren und mit den Gewürzen abschmecken. Den **Nudelteig** (S. 86/87) zu vier Rechtecken (10 x 40 cm) auf einer bemehlten Arbeitsfläche dünn ausrollen. Die Ränder mit verquirltem **Eiweiß** einstreichen. Die Kürbismasse auf die Teigstücke geben und von der Längsseite aus zusammenrollen. Die Enden leicht zusammendrücken. Die **Cannelloni** in kochendem Salzwasser etwa 3 Minuten garen. Für die Sauce die **Milch** in einem Topf zum Kochen bringen, Den **Schmelzkäse** hineingeben und unter Rühren auflösen. Mit **Cayenne**, **Salz**, **Pfeffer** und **Zitronensaft** abschmecken. Die Cannelloni auf Teller geben, mit der Sauce überziehen und mit gehackter Petersilie bestreuen.

Für 4 Portionen

Für die Füllung:

1 Zwiebel

1 Knoblauchzehe

2 El Olivenöl

400 g Kürbis

150 ml Gemüsebrühe

Salz, Pfeffer, 1 Prise Piment

frisch geriebene Muskatnuss

Nudelteig (S. 86/87)

1 Eiweiß

Mehl für die Arbeitsfläche

Für die Sauce:

225 ml Milch

80 g Schmelzkäse mit Kräutern

1 Prise Cayennepfeffer

1 Spritzer Zitronensaft

1 El gehackte Petersilie

Zubereitungszeit: ca. 30 Minuten
(plus Koch- und Garzeit)
Pro Portion ca. 238 kcal/999 kJ
13 g E ✳ 8 g F ✳ 25 g KH

Für 4 Portionen

500 g Spaghetti

Salz

200 g Tiroler Schinkenspeck

1 El Olivenöl

5 Eier

250 g Sahne

150 g frisch geriebener

Grana Padano

Pfeffer

Zubereitungszeit ca. 20 Minuten
(plus Gar- und Bratzeit)
Pro Portion ca. 775 kcal/3255 kJ
36 g E ∗ 30 g F ∗ 88 g KH

Die **Spaghetti** in reichlich kochendem Salzwasser nach Packungsanweisung bissfest garen. Den Tiroler **Schinkenspeck** in kleine Würfel schneiden. Das **Olivenöl** in einer Pfanne erhitzen und die Speckwürfel darin auslassen. Die **Eier** mit der **Sahne** und der Hälfte des **Käses** verquirlen und mit **Salz** und viel schwarzem **Pfeffer** würzen. Die Spaghetti abgießen, in die Pfanne zu den Speckwürfeln geben und vermischen. Die Ei-Sahne-Masse darüber gießen, alles gut durchmischen und sofort servieren. Den restlichen Käse darüber streuen.

Spaghetti Carbonara

93

Für Tortenfeste

Den Backofen auf 175 °C (Umluft 150 °C) vorheizen. 3 **Eier** trennen. **Eiweiß** und 3 El Wasser steif schlagen. 75 g **Zucker** einrieseln lassen, dabei weiterschlagen, bis sich der Zucker aufgelöst hat. Dann das **Eigelb** und die abgeriebene **Zitronenschale** von 1 Zitrone unterheben. Das **Mehl** mit **Speisestärke** und **Haselnüssen** mischen und auf die Eimasse sieben. Vorsichtig unterheben und in eine mit Backpapier ausgelegte Springform (24 cm Durchmesser) füllen. Im Backofen 25 bis 30 Minuten backen. Abkühlen lassen. Den **Quark** in einem Sieb gut abtropfen lassen. Die **Gelatine** in kaltem Wasser einweichen. 1 **Zitrone** heiß abspülen, mit dem Sparschäler abschälen und die Schale in feine Streifen schneiden. **Milch** und Zitronenschale aufkochen. 4 **Eier** trennen, das **Eigelb**, restlichen **Zucker** und **Vanillezucker** schaumig rühren.

Die kochende Milch unterrühren und die Eigelbmasse zurück in den Topf füllen. Unter Rühren einmal aufkochen lassen. Die Gelatine gut ausdrücken, unterrühren und die Creme abkühlen lassen.

2 **Zitronen** auspressen und den Saft mit dem **Quark** unter die Creme rühren. Sobald sie beginnt, fest zu werden, die Hälfte des **Eiweiß** steif schlagen und unterheben. Die **Sahne** ebenfalls steif schlagen und zuletzt unter die Creme heben.

Den Biskuitboden zweimal waagerecht durchschneiden. Um den unteren Boden einen Tortenring legen. Ein Drittel der Creme auf den Boden streichen. Die restlichen Böden und jeweils ein Drittel der Creme im Wechsel aufeinanderschichten. Die Torte für etwa 3 Stunden im Kühlschrank fest werden lassen. Den Tortenring entfernen und die Pistazien über die Torte streuen.

Käse-Sahne-Torte

Zutaten für 16 Stücke

7 Eier

275 g Zucker

abgeriebene Schale von

3 unbehandelten Zitronen

75 g Mehl

75 g Speisestärke

75 g gemahlene Haselnüsse

500 g Sahnequark

7 Blatt weiße Gelatine

200 ml Milch

2 Päckchen Vanillezucker

250 ml Sahne

20 g gehackte Pistazien

Zubereitungszeit ca. 40 Minuten
(plus Back-, Koch- und Kühlzeit)
Pro Stück ca. 307 kcal/1289 kJ

Zutaten für 16 Stücke

4 Eier

170 g Zucker

1 Prise Salz

80 g Mehl

80 g Speisestärke

1/2 Tl Backpulver

400 ml Milch

1 Päckchen Vanillepuddingpulver

1 Päckchen Vanillezucker

100 g Butter

650 g Marzipanrohmasse

100 ml Orangensaft

40 g Zartbitter-Kuvertüre

8 Belegkirschen

1 El Aprikosenkonfitüre

3 El gehackte Pistazien

Puderzucker zum Ausrollen

Zubereitungszeit ca. 50 Minuten
(plus Back-, Koch- und Kühlzeit)
Pro Stück ca. 372 kcal/1562 kJ

Den Backofen auf 190 °C (Umluft 170 °C) vorheizen. Die **Eier** trennen. **Eiweiß** mit 40 g **Zucker** und dem **Salz** steif schlagen. **Eigelb** und 110 g **Zucker** schaumig schlagen und auf den Eischnee geben. **Mehl**, **Speisestärke** und **Backpulver** mischen, darübersieben und mit einem Schneebesen vorsichtig unterheben. Den Boden einer Springform (26 cm Durchmesser) mit Backpapier auslegen. Den Teig einfüllen und im Backofen etwa 25 Minuten goldgelb backen.

Für die Buttercreme aus **Milch**, **Vanillepuddinpulver**, **Vanillezucker** und restlichem Zucker nach Packungsanweisung einen Pudding kochen. Abkühlen lassen und durch ein Sieb streichen. Die weiche **Butter** mindestens 20 Minuten schaumig schlagen und nach und nach den Pudding unterrühren (Achtung: Pudding und Butter müssen die gleiche Temperatur haben!).

Für die Füllung 350 g **Marzipan** mit dem **Orangensaft** glatt rühren. Den abgekühlten Kuchen waagerecht in drei dünne Böden teilen. Jeden Boden mit der Marzipancreme bestreichen und die Böden aufeinandersetzen.

Die Tortenoberfläche und -seiten mit 2/3 der Buttercreme bestreichen. Die Arbeitsfläche mit **Puderzucker** bestäuben, darauf 150 g Marzipan ausrollen und in Streifen schneiden. Den Tortenrand mit Marzipanstreifen verzieren. Restliches Marzipan rund ausrollen und auf die Tortenoberfläche legen.

Die **Kuvertüre** im heißen Wasserbad schmelzen. In einen Spritzbeutel mit schmaler Tülle füllen und die Torte damit verzieren. Restliche Buttercreme in einen Spritzbeutel mit kleiner Sterntülle füllen und als Tupfen auf die Torte spritzen. Jeweils eine halbe **Belegkirsche** daraufsetzen. Den unteren Tortenrand mit glatt gestrichener Konfitüre bepinseln und mit gehackten Pistazien verzieren.

Marzipan-Torte

Die **Butter** schmelzen und abkühlen lassen. Die **Vanillekipferl** fein zerbröseln. **Mehl**, **Instant-Kakao** und **Backpulver** mischen. 5 **Eier** trennen. **Eiweiß** mit einer Prise **Salz** steif schlagen. 20 g **Puderzucker** mit der **Speisestärke** mischen, in den **Eischnee** einrieseln lassen und 2 Minuten weiterschlagen. Kalt stellen.

Den Backofen auf 175 °C (Umluft 150 °C) vorheizen. **Eigelb** und den restlichen Puderzucker cremig rühren. Den Eischnee, die Kipferlbrösel und die **Mandeln** auf die Eigelbcreme geben und vorsichtig unterheben. Die abgekühlte, aber noch flüssige **Butter** nach und nach unterrühren. Den Teig in eine mit Backpapier ausgelegte Springform (26 cm Durchmesser) geben und glatt streichen. Im Backofen etwa 40 Minuten backen. Den Kuchen aus der Form lösen und auf einem Gitter abkühlen lassen.

Die **Schokolade** zerbröckeln und im heißen Wasserbad schmelzen. Abkühlen lassen. Die **Sahne** steif schlagen. Die restlichen Eier trennen. **Eiweiß** mit etwas **Salz** steif schlagen. **Eigelb**, **Vanillezucker** und **Lebkuchengewürz** in eine Schüssel geben und im warmen Wasserbad cremig schlagen. Im kalten Wasserbad unter ständigem Rühren abkühlen lassen. Zuerst die abgekühlte, gerade noch flüssige Schokolade, dann die Sahne unter die Creme heben. Den Eischnee daraufgeben und vorsichtig unterziehen. Den Tortenboden dreimal waagerecht durchschneiden. Die Böden mit etwa zwei Dritteln der Schokoladencreme bestreichen und wieder aufeinanderlegen. Die Torte mit der restlichen Schokocreme bestreichen. Mit **Kakaopulver** bestäuben und mit einem Messerrücken die Oberfläche verzieren.

Zutaten für 16 Stücke

75 g Butter

50 g Vanillekipferl

25 g Mehl

20 g Instant-Kakaopulver

1 Tl Backpulver

9 Eier

Salz

100 g Puderzucker

1 El Speisestärke

50 g gemahlene Mandeln

150 g Zartbitter-Schokolade

200 g Sahne

1 Päckchen Vanillezucker

1 El Lebkuchengewürz

Kakaopulver zum Bestäuben

Zubereitungszeit ca. 40 Minuten
(plus Back-, Schmelz- und Kühlzeit)
Pro Stück ca. 213 kcal/894 kJ

Schokoladentorte

101

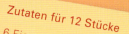

Zutaten für 12 Stücke

6 Eier

120 g Zucker

80 g Mehl

60 g Speisestärke

1 Tl Backpulver

12 Schokoküsse

500 g Quark

400 ml Sahne

Zubereitungszeit ca. 30 Minuten
(plus Back- und Kühlzeit)
Pro Stück ca. 216 kcal/907 kJ

Den Backofen auf 180 °C (Umluft 160 °C) vorheizen. Die **Eier** mit dem **Zucker** schaumig schlagen. Das **Mehl** mit der **Speisestärke** und dem **Backpulver** mischen, darübersieben und unterrühren. Eine Springform (26 cm Durchmesser) mit Backpapier auslegen und den Teig hineinfüllen. Im Ofen etwa 45 Minuten backen. Dann herausnehmen und auf ein Kuchengitter stürzen. Das Backpapier vorsichtig abziehen und den Boden abkühlen lassen.

6 **Schokoküsse** von den Waffelböden trennen und die Masse mit dem **Quark** verrühren. 400 ml **Sahne** steif schlagen und mit der Creme vermischen.

Den Biskuitboden auf eine Tortenplatte legen. Die restlichen Schokoküsse halbieren und auf dem Tortenboden am Rand im Kreis verteilen. In die Mitte die Quark-Sahne-Masse geben und glatt streichen. Die übrig gebliebenen Waffelböden halbieren und die Torte damit verzieren. Die Torte bis zum Servieren kalt stellen.

Schokokuss-Torte

103

Den Backofen auf 175 °C (Umluft 150 °C) vorheizen. Die **Eier** trennen. **Eiweiß** mit 2 El kaltem Wasser steif schlagen. 100 g **Zucker** unter ständigem Rühren einrieseln lassen und weiterschlagen, bis sich der Zucker aufgelöst hat. **Eigelb** unterziehen und das **Mehl** mit dem **Puddingpulver** und dem **Backpulver** mischen. Vorsichtig unterheben. Den Teig auf den Boden einer mit Backpapier ausgelegten Springform (20 cm Durchmesser) geben. Im Backofen 30 bis 40 Minuten backen. Dann den Kuchen aus der Form lösen, das Backpapier abziehen und den Kuchen abkühlen lassen. Die **Himbeeren** verlesen, waschen und abtropfen lassen. Die **Gelatine** nach Packungsanweisung einweichen. Den restlichen Zucker mit dem **Joghurt**, dem **Mascarpone**, **Limettenschale** und -**saft** verrühren. Die Gelatine ausdrücken und in etwas Flüssigkeit auflösen. Die flüssige Gelatine mit etwas **Joghurtcreme** verrühren, dann alles unter die Joghurtcreme heben. 1/3 der Creme beiseitestellen und unter die restlichen 2/3 Creme 250 g Himbeeren rühren. Den abgekühlten Tortenboden zweimal waagerecht durchschneiden. Einen Boden auf eine Tortenplatte legen und einen Tortenring darumlegen. Den Tortenboden mit der Hälfte der Himbeercreme bestreichen. Einen zweiten Boden darauflegen und mit der restlichen Himbeercreme bestreichen. Den dritten Boden darauflegen und die Joghurtcreme ohne Beeren auf der Tortenoberfläche verteilen. Die restlichen Himbeeren in die Mitte der Torte geben. Die Torte im Kühlschrank etwa 5 Stunden fest werden lassen. Den Tortenring lösen. Die Torte mit **Kakao** und **Puderzucker** bestreuen.

104

Schokoladen-Himbeer-Torte

Zutaten für 16 Stücke

6 Eier

320 g Zucker

80 g Mehl

2 Päckchen Schokoladen-

puddingpulver

2 Tl Backpulver

350 g Himbeeren

(oder Beerenmischung)

8 Blatt weiße Gelatine

600 g Magerjoghurt

250 g Mascarpone

Saft und abgeriebene Schale

von 1 Limette

Zubereitungszeit ca. 40 Minuten
(plus Back-, Einweich- und Kühlzeit)
Pro Stück ca. 245 kcal/1029 kJ

105

40 g **Zucker** mit der weichen **Butter** und dem **Eigelb** schaumig schlagen. Das **Salz** hinzufügen, 100 g **Mehl** dazusieben und mit den **Mandeln** zu einer festen Kugel verkneten. Die Kugel in der Schüssel etwas flach drücken, abdecken und 30 Minuten kalt stellen. Den Backofen auf 200 °C (Umluft 180 °C) vorheizen. Den Teig auf einer bemehlten Arbeitsfläche ausrollen und auf den Boden einer gefetteten Springform legen, überstehende Räder notfalls abschneiden, mehrmals einstechen und etwa 8 bis 10 Minuten backen. 2 **Eier** trennen, **Eigelb** mit 75 g **Zucker**, 1 Päckchen **Vanillezucker** und 2 El lauwarmem Wasser etwa 20 Minuten zu einer sehr cremigen Masse schlagen. Restliches Mehl mit dem **Backpulver** mischen und unter die Eicreme mischen, gut unterrühren. **Eiweiß** steif schlagen und vorsichtig unterheben. Die Biskuitmasse auf den gebackenen, abgekühlten Mürbeteig legen, glatt streichen und weitere 12 bis 15 Minuten bei 180 °C (Umluft 160 °C) backen. Den Boden nach dem Backen auskühlen lassen und einmal längs durchschneiden, sodass zwei Tortenböden entstehen. Die **Schokolade** zerbröckeln und im Wasserbad schmelzen.

Die restlichen Eier trennen. Das Eigelb mit dem restlichen Zucker schaumig schlagen. Nun die geschmolzene Schokolade, den **Joghurt**, die **Zitronenschale** und den **Zitronensaft** unterrühren. 6 Blatt **Gelatine** nach Packungsanleitung einweichen, auflösen und mit der Creme verrühren. Zuletzt das Eiweiß steif schlagen und unter die Masse heben. Die **Erdbeeren** waschen, trocknen, putzen und halbieren. Die **Sahne** mit dem restlichen Vanillezucker steif schlagen. Das letzte Blatt Gelatine auflösen und unter die Sahne rühren. Den Biskuitboden mit dem Mürbeteig wieder in die Springform setzen, 5 El von der Mousse darüberstreichen, 2/3 der Erdbeeren darauf verteilen und die restliche Mousse darübergeben. Den zweiten Biskuitboden daraufsetzen. Den Springformrand entfernen. 1/4 der Sahne in einen Spritzbeutel füllen, mit dem Rest der Sahne die Torte und den Tortenrand bestreichen. Die Torte mit Sahnetupfen dekorieren und mit den restlichen Erdbeeren verzieren. Im Kühlschrank fest werden lassen.

Erdbeer-Joghurt-Torte

Zutaten für 16 Stücke

165 g Zucker

75 g Butter

1 Eigelb

1 Prise Salz

175 g Mehl

25 g gemahlene Mandeln

4 Eier

3 Päckchen Vanillezucker

1/2 Tl Backpulver

200 g weiße Schokolade

500 g Naturjoghurt

abgeriebene Schale von 1 unbehandelten Zitrone

1 El Zitronensaft

7 Blatt weiße Gelatine

750 g Erdbeeren

400 ml Sahne

Butter für die Form

Mehl zum Ausrollen

Zubereitungszeit ca. 60 Minuten
(plus Back- und Kühlzeit)
Pro Stück ca. 331 kcal/1390 kJ

Zutaten für 16 Stücke

150 g Butter

150 g Zucker

4 Eier

200 g gemahlene Haselnüsse

50 g Mehl

1 Tl Backpulver

80 Giottokugeln

750 ml Sahne

2 Päckchen Sahnesteif

Butter für die Form

Zubereitungszeit ca. 25 Minuten (plus Backzeit)
Pro Stück ca. 409 kcal/1717 kJ

Giotto-Torte

Eine Springform (26 cm Durchmesser) gut einfetten und den Backofen auf 175 °C (Umluft 150 °C) vorheizen.

Die **Butter** mit dem **Zucker** cremig rühren, bis der Zucker sich aufgelöst hat. Nach und nach die **Eier** unterrühren. Gemahlene **Haselnüsse**, **Mehl** und **Backpulver** miteinander mischen und unterheben. Den Teig auf den Boden der Springform geben, mit einer Gabel mehrmals einstechen und etwa 30 bis 35 Minuten backen. Danach 10 Minuten in der Form abkühlen lassen und aus der Form lösen. Die **Giottokugeln** bis auf 17 Kugeln zerdrücken. 700 ml **Sahne** mit **Sahnesteif** schlagen, etwas Sahne zum Verzieren beiseitestellen. Die übrige Sahne und die zerdrückten Giotti vorsichtig mischen. Die Giottosahne auf und um den Tortenboden verteilen. Nun mit der restlichen Sahne und den restlichen Giottokugeln verzieren.

109

Kokostorte

Zutaten für 12 Stücke

4 Eier

120 g Zucker

150 g Mehl

30 g Speisestärke

1 Tl Backpulver

40 g Kakaopulver

500 ml Sahne

400 g weiße Schokolade

Aprikosen- oder Erdbeer-Marmelade

100 g Kokosraspel

Zubereitungszeit ca. 30 Minuten
(plus Back- und Kühlzeit)
Pro Stück ca. 576 kcal/2419 kJ

Den Backofen auf 180 °C (Umluft 160 °C) vorheizen. Die **Eier** mit dem **Zucker** schaumig schlagen. **Mehl** mit **Speise-stärke**, **Backpulver** und **Kakaopulver** mischen, darüber-sieben und unterrühren. Eine Springform (26 cm Durchmesser) mit Backpapier auslegen und den Teig hineinfüllen. Im Ofen etwa 45 Minuten backen. Dann herausnehmen und auf ein Kuchengitter stürzen. Das Back-papier vorsichtig abziehen und den Boden abkühlen lassen. Die **Schokolade** reiben und in der **Sahne** in einem Topf unter Rühren schmelzen und einmal aufkochen lassen. Da-nach mindestens 4 Stun-den, am besten über Nacht, im Kühlschrank auskühlen lassen. Um den Teig einen Tortenring legen, dann mit **Marmelade** bestreichen. Die Sahne-Schokomasse steif schlagen und auf den Tortenboden verteilen. Mit **Kokosraspel** bestreuen und im Kühlschrank fest werden lassen.

Ice-cool

Heidelbeer-Eistorte

Eine Springform (24 cm Durchmesser) mit Backpapier auslegen. Die **Schokolade** im heißen Wasserbad unter Rühren schmelzen und aus dem Bad nehmen. Die **Cornflakes** unter die Schokomasse heben und gleichmäßig auf dem Springformboden verteilen, andrücken und abkühlen lassen. Die **Heidelbeeren** verlesen, waschen und abtropfen lassen. Etwas mehr als die Hälfte davon mit dem **Puderzucker** pürieren. Das **Eis** mit einem Handmixer cremig rühren. Die Hälfte des **Vanilleeis** auf den Schokoboden streichen. Die Hälfte des **Blaubeerpürees** darauf verteilen. Restliches Eis und Beerenpüree verrühren und auf die Torte streichen. Zum Schluss restliche **Blaubeeren** darüberstreuen und die Torte mit Klarsichtfolie bedeckt etwa 60 Minuten ins Gefrierfach stellen. Sofort servieren.

ice-cool

Zutaten für 16 Stücke

200 g Zartbitter-Schokolade

50 g Cornflakes

500 g Heidelbeeren

2 El Puderzucker

1,5 kg Vanilleeis

Zubereitungszeit ca. 30 Minuten
(plus Schmelz-, Kühl- und Gefrierzeit)
Pro Stück ca. 260 kcal/1092 kJ

Ricottaeis

Für 4 Portionen

125 ml Espresso

500 g Ricotta

100 g Zucker

4 Eigelb

3 El Sahne

1 Tl Vanillezucker

4 El Marsala

2 El Kakaopulver

Zubereitungszeit 15 Minuten
(plus Zeit zum Gefrieren)
Pro Portion ca. 428 kcal/1796 kJ
20 g E * 24 g F * 33 g KH

Den **Espresso** erkalten lassen. Den **Ricotta** durch ein Sieb streichen und mit dem Espresso verrühren.

Zucker und **Eigelb** schaumig rühren, die **Sahne** steif schlagen, **Vanillezucker** und **Marsala** unterrühren. Espresso-Ricotta und **Eischaum** miteinander verrühren und die Sahne unterheben.

Die Masse in eine Schüssel oder rechteckige Form geben und mit Klarsichtfolie abdecken. Im Gefrierschrank etwa 3 Stunden fest gefrieren lassen. Anschließend das Ricottaeis mit einem Eisportionierer auf Schälchen verteilen oder in Scheiben schneiden und anrichten. Mit **Kakaopulver** bestreut servieren.

Ice-cool

Italienisches Eis ist welt-
berühmt. Es gibt mehrere
Arten der Eiszubereitung
und mehr als 20 verschie-
dene traditionelle Eissorten.
Das Grundrezept für
Milcheis (gelato) besteht aus
Eigelb, Zucker und Milch oder
Sahne. Dann kommen noch
die besonderen Fruchtzuberei-
tungen, Säfte, Nüsse, Schokolade, Alkohol oder – wie hier –
Ricotta und kalter Espresso dazu.

Melonensorbet

Die beiden **Zuckersorten** mischen und mit 150 ml Wasser in einem Topf unter Rühren erhitzen, bis der Zucker sich aufgelöst hat. Die Mischung 3 Minuten köcheln, dann abkühlen lassen. Die **Melonen** von Schale und Kernen befreien und in kleine Würfel schneiden. Dann im Mixer pürieren. Mit dem **Zitronensaft** mischen. Den erkalteten **Zuckersirup** zugeben und gut unterrühren. Die Masse in eine Schüssel füllen und im Gefriergerät halbfest frieren lassen. Herausnehmen und gut durchrühren, wieder gefrieren lassen, bis das Sorbet fest geworden ist. Das Melonensorbet vor dem Servieren etwa 30 Minuten in den Kühlschrank stellen, dann in Schälchen füllen und servieren.

Für 4 Portionen

75 g Zucker

75 g Puderzucker

750 g Melonenfleisch (Wasser-, Honig- oder Cantaloupe Melone)

Saft von 1 Zitrone

Zubereitungszeit 15 Minuten
(plus Gefrierzeit)
Pro Portion ca. 183 kcal/769 kJ
1 g E ✳ 1 g F ✳ 43 g KH

Pfannkuchen mit Eis

Die Eier mit dem Salz und dem Zucker verquirlen. Das Mehl mit dem Backpulver vermischen, unter die Eier rühren und alles mit der Milch glatt verrühren. Den Teig in einer Pfanne mit etwas Öl zu kleinen dünnen Pfannkuchen ausbacken und warm halten. Für die Füllung die Eiscreme etwas antauen lassen. Die Butterkekse in einen Gefrierbeutel geben und mit einer Kuchenrolle grob zerkrümeln. Anschließend zur Eiscreme dazugeben und mit etwas Likör unterrühren. Die Pfannkuchen zu Hörnchen aufrollen, mit Eiscreme füllen und servieren.

Für 4 Portionen

4 Eier

1/2 Tl Salz

1 El Zucker

300 g Mehl

2 Tl Backpulver

375 ml Milch

Öl zum Ausbacken

300 ml Vanille-Eiscreme

75 g Butterkekse

etwas Sahne-Likör

z.B. Amarula Cream

Zubereitungszeit 15 Minuten
(plus Backzeit)
Pro Portion ca. 563 kcal/2363 kJ
22 g E * 17 g F * 80 g KH

Elefanten-Baum wird der Marula-Baum in Südafrika genannt, weil die pflaumengroßen Früchte mit ihrem intensiven Duft Elefanten anlocken. Heute wird aus ihnen in erster Linie der Amarula-Sahnelikör hergestellt. Das Fruchtfleisch wird aus der Schale gelöst, dann vergoren und anschließend destilliert. Zwei Jahre muss das Destillat nun in Eichenfässern lagern, bevor es mit frischer Sahne zu dem 17-prozentigen Cremelikör verarbeitet wird.

121

Gebackene Mandarinen mit Eis

Den Backofen auf 225 °C (Umluft 200 °C) vorheizen. Die **Mandarinen** waschen und abtrocknen, anschließend halbieren und mit der Hälfte des **Zuckers** bestreuen. Eine Pfanne stark erhitzen, die Mandarinen darin kurz anbraten. Anschließend auf ein mit Backpapier ausgelegtes Backblech legen. Je 1 **Zimtstange** in die Mitte jeder Mandarinenhälfte stecken. Im vorgeheizten Backofen bei 220 °C (Umluft 190 °C) etwa 10 Minuten backen. Restlichen Zucker mit **Orangensaft** unter Rühren erhitzen und 5 Minuten köcheln. Die Mandarinen damit begießen und mit **Vanilleeis** servieren.

ice-cool

Für 4 Portionen

6 Mandarinen

150 g brauner Zucker

12 kurze Zimtstangen

250 ml Orangensaft

Backpapier

Vanilleeis zum Servieren

Zubereitungszeit 15 Minuten
(plus Backzeit)
Pro Portion ca. 224 kcal/939 kJ
1 g E * 1 g F * 52 g KH

123

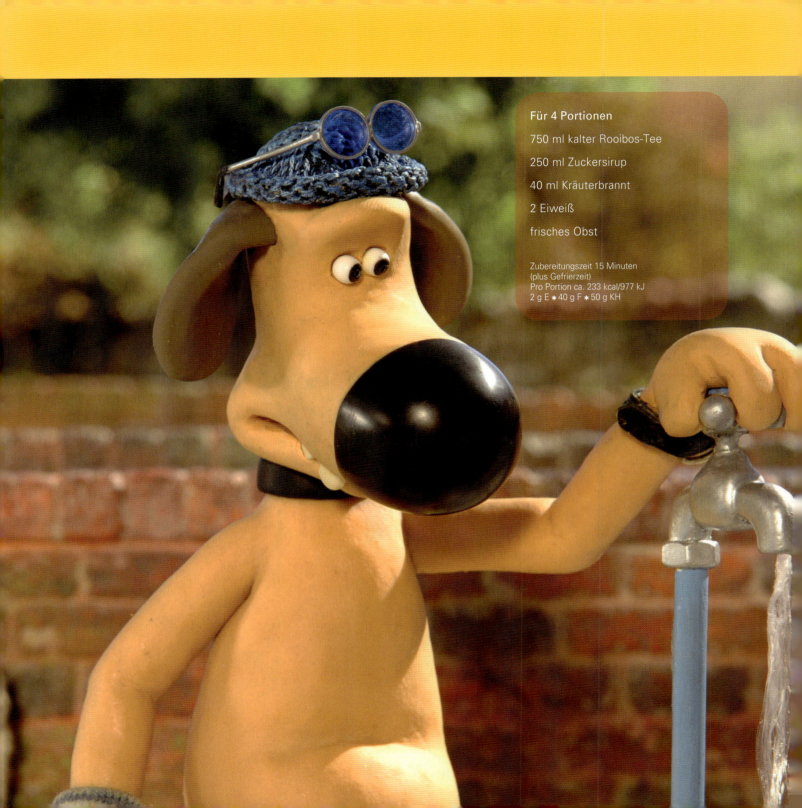

Für 4 Portionen

750 ml kalter Rooibos-Tee

250 ml Zuckersirup

40 ml Kräuterbrannt

2 Eiweiß

frisches Obst

Zubereitungszeit 15 Minuten
(plus Gefrierzeit)
Pro Portion ca. 233 kcal/977 kJ
2 g E ∗ 40 g F ∗ 50 g KH

Rooibos Sorbet

Den Rooibos-Tee mit dem Zuckersirup und dem Kräuterbrannt vermischen. Diese Flüssigkeit im Gefrierschrank gefrieren lassen und alle 15 Minuten durchrühren bis nach 2–3 Stunden ein Sorbet entstanden ist. Anschließend mit dem Handmixer zu einer homogenen Masse mixen. Das Eiweiß zu steifem Eischnee schlagen, dazugeben und unterziehen.

Alles zugedeckt wieder einfrieren. Sobald die Masse fest ist, mit einem Eisportionierer Kugeln abstechen. Mit frischem Obst servieren.

125

Litschis mit Mandelcreme

Die **Litschis** in ein Sieb füllen und abtropfen lassen. Den **Saft** auffangen. **Sahne** mit **Litschisaft, Vanillemark** und **Mandeln** in einen Topf geben und unter Rühren aufkochen. **Gelatine** 10 Minuten in kaltem Wasser einweichen. Die **Eier** trennen und die **Eiweiß** steif schlagen. **Eigelb** mit dem **Zucker** in einer feuerfesten Schüssel schaumig rühren. Die Schüssel ins Wasserbad stellen und nach und nach die **Mandelmilch** einrühren. Anschließend die **Gelatine** ausdrücken und unter die Masse rühren, bis sie sich aufgelöst hat. Weiter schlagen, bis die **Mandelcreme** sehr schaumig ist. Dann die Schüssel aus dem Wasserbad nehmen und den **Eischnee** unterheben. Die **Litschis** in eine Schüssel füllen und die **Mandelcreme** darüber geben. Abkühlen lassen und im Kühlschrank 1 Stunde fest werden lassen, dann servieren.

Für 4 Portionen

350 g Litschis (aus der Dose)

170 ml Sahne

Mark von 1/2 Vanilleschote

50 g gemahlene Mandeln

3 Blatt weiße Gelatine

2 Eier

60 g Zucker

Zubereitungszeit 30 Minuten
(plus Zeit zum Festwerden)
Pro Portion ca. 388 kcal/1628 kJ
8 g E * 23 g F * 37 g KH

127

Die **Sahne** mit dem **Sahnesteif** schlagen.
Die **Baisers** zerkrümeln, die **Schokolade**
grob raspeln.
Die Baisers, die geraspelte Schokolade und
den **Krokant** unter die Sahnemasse rühren.
Nach Geschmack mit **Rum** aromatisieren.
Die Masse in eine mit Alufolie ausgelegte
Springform (26 cm Durchmesser) füllen
und mindestens 36 Stunden gefrieren las-
sen. Nach Belieben mit Sahnetupfern oder
Baisers garnieren.

Eistorte

Zutaten für 16 Stücke

1,25 l Sahne

5 Päckchen Sahnesteif

200 g Baiser

300 g Halbbitter-Schokolade

200 g Krokant

Rum, nach Geschmack

Zubereitungszeit ca. 20 Minuten
(plus Gefrierzeit)
Pro Stück ca. 380 kcal/1597 kJ

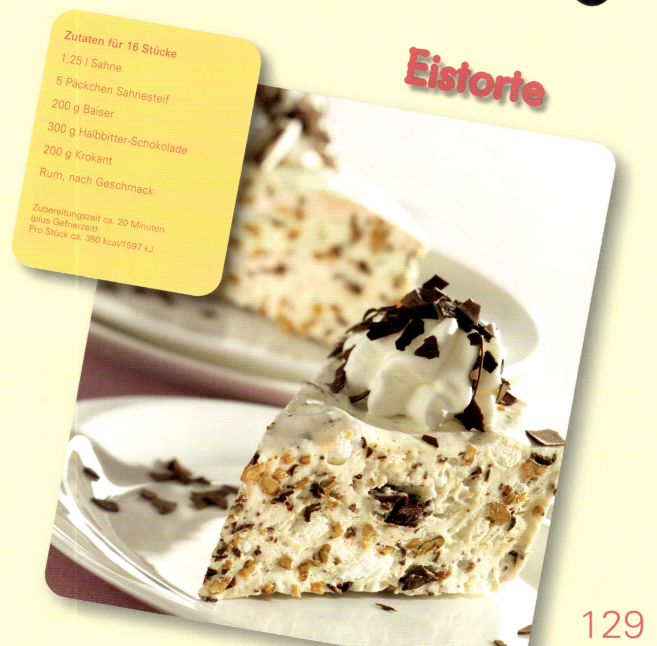

Coole Drinks

1/2 Banane

1 Spritzer Bananen-Sirup

6 cl Milch

6 cl Ananassaft

etwas Zitronen- oder Limettensaft

Limetten- oder Zitronenscheibe

Alle Zutaten mit zwei Esslöffeln gestoßenem **Eis** ca. 15 Sekunden im Elektromixer vermischen und in ein Longdrinkglas abgießen. Mit **Limetten-** oder **Zitronenscheibe** dekorieren.

Greenland

2 frische Minzeblättchen

3 cl Pfefferminz-Sirup

1 cl Zucker-Sirup

4 cl Zitronensaft

kohlensäurehaltiges

Mineralwasser

Limettenscheibe

Die **Minzeblättchen** grob hacken und mit gestoßenem Eis in ein Cocktailglas geben. **Pfefferminz-** und **Zucker-Sirup** mit dem **Zitronensaft** dazugeben, kurz umrühren und mit kaltem **Mineral-wasser** auffüllen. Mit **Limettenscheibe** und Trinkhalm servieren.

135

Chicos Dream

1/2 Banane

Saft einer viertel Zitrone

2 cl Zucker-Sirup

Mineralwasser

Zitronenscheibe

Zitronenmelisse

Cocktailkirsche

Banane pürieren und zusammen mit **Zitronensaft** und **Sirup** im Shaker mixen. In ein Longdrinkglas geben und mit gut gekühltem **Mineralwasser** auffüllen. Mit **Zitronenscheibe, Melisse** und **Cocktailkirsche** dekorieren.

136

Pfefferminz-Limonade

4 EL Honig

2 Beutel Pfefferminztee

Saft von 2 Limetten

3 cl Pfefferminz-Sirup

3/4 l Mineralwasser

4 Limettenscheiben

1/4 l **Wasser** mit dem **Honig** zum Kochen bringen und über die beiden Beutel **Pfefferminztee** gießen. Fünf Minuten ziehen und dann abkühlen lassen. Anschließend kalt stellen. Mit frisch gepresstem **Limettensaft** und **Pfefferminz-Sirup** vermischen. Kurz vor dem Servieren mit **Mineralwasser** auffüllen und mit **Limettenscheiben** verzieren.

138

139

Erdbeer-Shake

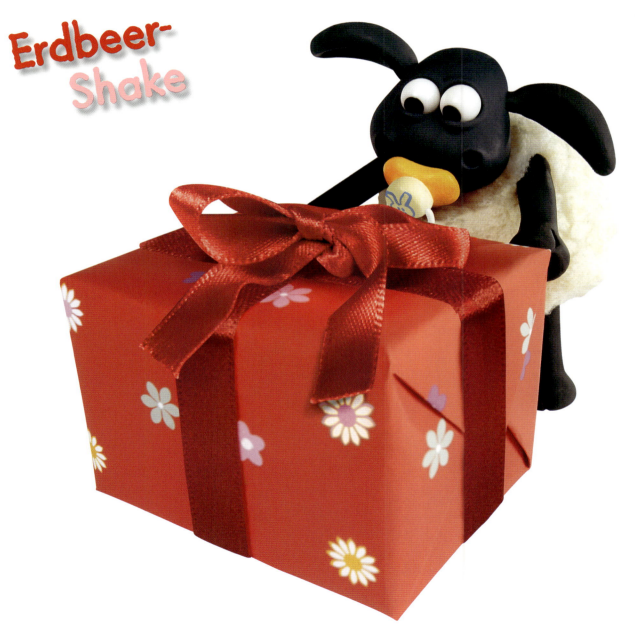

1 Kugel Erdbeereis
10 cl Milch
10 cl roter Traubensaft
1/2 TL Vanillearoma
dunkle Weintrauben
Erdbeeren zum Garnieren

Eis, Milch und **Traubensaft** im Elektromixer durchmixen, bis der Drink schaumig ist. Mit **Vanillearoma** abschmecken und in ein Stielglas gießen. Einen Spieß mit **Erdbeeren** und **Weintrauben** in das Glas stellen.

141

Birnen-Möhren-Cocktail

Coole Drinks

2 Möhren

3 Birnen

4 TL Kokosraspel

1/4 l Buttermilch

250 g Vollmilchjoghurt

1 EL Kokoscreme (Dose)

Eiswürfel

2 TL geschlagene Sahne

Möhren schälen, im elektrischen Entsafter entsaften, **Birnen** halbieren und entkernen, mit Möhrensaft, 2 Tl **Kokosraspeln, Buttermilch, Joghurt, Kokoscreme** und ein paar Eiswürfeln im Mixer pürieren. Auf 2 mit Eiswürfeln gefüllte Gläser verteilen. 2 Tl **Kokosraspel** ohne Fett hellbraun rösten, mit der **Sahne** zum Drink geben.

143

Register